美国法院管辖中国跨境电商企业的法理、规则和应对

覃斌武 著

湘潭大学出版社

湖南省教育厅“美国司法权域外扩张对策研究”
（项目编号：134738）

目　录

导　读　美国滥用诉讼程序侵害中国跨境电子商务企业权益之现象

一、我国跨境电子商务行业的蓬勃发展

随着互联网技术、第三方支付技术的高速发展以及国际物流服务的日益便捷成熟，跨境电子商务行业快速兴起。2015 年 3 月 7 日，国务院批准设立首个跨境电子商务综合试验区——中国（杭州）跨境电子商务综合试验区。截至 2022 年 2 月，国务院一共分六个批次批准设立了 132 个跨境电子商务综合试验区。[①] 这些跨境电子商务综合试验区的设立和运营，有力地推动了我国跨境电子商务的发展。据统计，我国跨境电子商务贸易总额从 2010 年的 1.1 万亿元人民币增加到 2015 年的 5.4 万亿元人民币，再增长到 2020 年的 12.5 万亿元人民币。[②] 相关数据显示，2020 年跨境电子商务交易总额约占我国货物贸易出口总额 38.86%。[③] 在跨境电子商务交易中，B2C（电商商家对消费者）交易规模占全部跨境电子商务交易的 20% ~25%，因此，2020 年中国跨

---

① 国务院关于同意在鄂尔多斯等 27 个城市和地区设立跨境电子商务综合试验区的批复，国函〔2022〕8 号。

② 谭芬、侯瑞瑞：《我国跨境电子商务对进出口贸易的提振效应考察——基于美日欧样本数据的比较》，《商业经济研究》2022 年第 4 期。

③ 谭芬、侯瑞瑞：《我国跨境电子商务对进出口贸易的提振效应考察——基于美日欧样本数据的比较》，《商业经济研究》2022 年第 4 期。

境电子商务中 B2C 的规模为 2.5 万亿元 ~ 3.125 万亿元。从跨境电子商务企业的类型来看，B2B（电商商家对商家）类和 B2C 类呈现双轮驱动，涌现出了一大批具有代表性的知名平台企业，如阿里巴巴国际站、环球资源、中国制造网、敦煌网、SHEIN、环球易购、有棵树、天猫国际、京东国际、淘宝全球购等跨境电子商务平台。[①] 欧美、东南亚和非洲成为我国跨境电子商务的主要出口目的地。可以说，跨境电子商务已经成为我国经济不可忽视的重要组成部分。

二、美国律师事务所滥用民事诉讼程序针对中国跨境电子商务企业

随着我国跨境电子商务行业的稳步发展，中国跨境电子商务企业逐渐被一些美国知识产权律师事务所（以下简称“美国律所”）盯上，成为美国律所滥用民事诉讼程序的受害方。一些美国律所假借知识产权保护的名义，在美国当地法院提起知识产权诉讼（以下在全书中简称“此类诉讼”）。这些美国律所动辄在一起案件中起诉数十家至四五百家中国跨境电子商务企业，疯狂收割中国跨境电子商务企业在电商平台的资金，每起案件赚取数百万美元的赔偿金。被美国律所起诉的跨境电子商务企业，超过 95% 以上为中国跨境电子商务企业。

自 2018 年以来，以美国 Greer Burns &Crain LLP 律师事务所（以下简称“GBC 律所”）为代表的美国律所疯狂起诉，每年起诉案件数量和“收割”金额令人咋舌。2020 年 GBC 律所提起了 243 起知识产权诉讼，起诉被告 22000 多家，实现律师事务所营业收入总金额约 10 亿美元。[②] 根据 GBC 律所在其自身网站公开的数据，2021 年 GBC 律师所提起了 270 多起商标侵权诉讼（另提起外观设计专利诉讼数十起），起诉被告 39500 多家。[③]因此可以推断，2021

---

① 谭芬、侯瑞瑞：《我国跨境电子商务对进出口贸易的提振效应考察——基于美日欧样本数据的比较》，《商业经济研究》2022 年第 4 期。

② https：//www. ennews. com/article – 21540 – 1. html，2022 年 5 月 17 日最后访问。

③ See Greer Burns & Crain Official website，https：//gbc. law/news/gbc – recognized – as – most – active – trademark – litigation – firm – in – 2021，2022 年 5 月 17 日最后访问。

年 GBC 律所的营业收入应该超过 10 亿美元。

美国律师进行风险代理收取分成的常见比例一般为 25% ~40%，低于 20%或者超过 40%的非常少见。假定 GBC 律所的营业收入是其代表客户起诉实际获赔金额的 40%，则 GBC 律所及其客户一年实际获赔的总金额为 25 亿美元。除了 GBC 律所之外，专注于针对跨境电子商务企业提起此类诉讼的美国律所大概有 30 多家，如 Keith 律师事务所、SMG 律师事务所、Thoits 律师事务所等。[①] 此外还有相当多数量的美国律所也代理少量此类诉讼。因此，保守估计美国律所近年通过此类诉讼从中国跨境电子商务企业“收割”的资金总额在 300 亿美元以上。

三、美国涉嫌有意识地和系统性地针对中国跨境电子商务企业

即便美国律所经常性地和常规性地针对中国跨境电子商务企业提起诉讼，从法理上来讲，也并不能凭此简单认定其滥用诉讼程序。但考虑实际情况，有充分的理由认定美国方面（包括美国律师和律所、亚马逊、ebay 等美国平台公司和 Paypal 等美国支付公司）在有意识地和系统性地针对中国跨境电子商务企业滥用诉讼程序，而且一些美国法院存在纵容滥诉的嫌疑，具体表现在以下方面：

第一，违反美国法关于合并审理的规则，恶意在一起诉讼中针对数十家甚至数百家中国跨境电子商务企业提起诉讼。美国民事诉讼规则允许原告在一个诉讼中起诉多个被告，但是存在一定前提：如众多被告是共谋、众多被告相互关联、众多被告需要承担连带责任，以及原告与各个被告之间的纠纷实质性类似等。美国律所在代表美国权利人提起诉讼的时候，往往泛泛地声称众多被告是有共谋的或者原告与其纠纷实质性类似。当法院对美国律所的声称存在疑虑或者有被告提出异议时，其往往声称由于被告是“隐藏在屏幕后面的单位”，因此需要进行证据开示以获取更多证据来确定。美国律所通过

① https：//www. ennews. com/article –21540 –1. html，2022 年 5 月 17 日最后访问。

证据开示的高昂成本来拖延诉讼，逼迫中国跨境电子商务企业被告以不合理的赔偿金金额和解。

第二，规避美国法自身的规定，滥用电子邮件送达。美国律所起诉中国跨境电子商务企业的常规手段是利用电子邮件送达。美国民事诉讼规则规定只有在极端的情况下才能进行电子邮件送达，比如被告故意隐藏自己为避免送达成就，否则原则上只能按照相关美国法律当面送达或者按照《海牙送达公约》进行送达。中国和美国都是《海牙送达公约》的成员国，因此，只有美国律所在不知道中国跨境电子商务企业被告的地址且无法通过合理的努力获得时，才可以请求法院电子送达。GBC 律所往往通过泛泛声称其无法获得中国跨境电子商务企业被告的地址，因此请求法院允许电子送达；而美国法院在处理其申请时，因为不可能听取中国被告的意见，往往会照准 GBC 律所的申请而允许电子送达。由于美国法律的复杂，中国跨境电子商务企业被告往往选择和解或者弃店（即直接不理会诉讼程序，放弃该网店及其冻结的资金）。

第三，大部分案件的实体请求毫无依据。之所以断定美国律所恶意滥用诉讼程序，很重要的依据是美国律所代理原告提起诉讼之前，并不会认真审查案情。以 GBC 律所为例，其在各个不同的诉讼案件中，起诉状常年使用相同的模板，甚至不同案件中的事实描述一字不差（仅仅改动权利人或者商标名），表明其根本不会针对具体案情去判断每一个被告是否客观上真正侵权。如 2021 年 3 月 26 日，GBC 律所代理了 Fear of God 商标的持有人提起商标侵权诉讼。① 跨境电子商务企业中，有的卖家只是在其商品页用了 Fear of 或者 of God 或者 FOG 字样而并没有将这些字样列为商标，就被 GBC 律所当作侵权人列入被告。② GBC 律所的诉讼策略是利用中国企业应诉的成本太高，能够滥诉就滥诉。考虑到高额诉讼成本，中国跨境电子商务企业即便没有侵权，也不会应诉将官司打到底，因此 GBC 律所滥诉没有现实上的风险

① 美国伊利诺伊州北区联邦地区法院，案号 21 - CV - 1660。
② 美国伊利诺伊州北区联邦地区法院，案号 21 - CV - 1660。

（虽然理论上是可以被反诉）。[①]又比如在 Zuru 案中，Thoits 律所起诉维权的依据是其 Bunch O Balloons 商标，但是只要被告销售气球产品，又使用了 Bunch 字样，即便被告的网络销售页面上清楚地标明了是别的商标，也被该律所列为被告。[②]

第四，GBC 律所采用钓鱼方式“制造侵权”。GBC 律所会通过假意询价或者假意磋商的方式，诱使跨境电子商务企业表达出销售侵权商品的意图。比如 GBC 律所会使用员工或者其他人员注册亚马逊或者 Ebay（美国的淘宝）账号，联系中国跨境电子商务企业说要购买某品牌的产品，但是不提自己已获得该品牌的授权（即并非进行 OEM 业务——理论上 OEM 是合法的），而且还有意无意地表示愿意出高价。部分中国跨境电子商务企业会在高价的诱惑下，不进行合规审查，表示可以出售特定品牌的产品（虽然明知自己并没有得到品牌授权）。一旦中国跨境电子商务企业在电子邮件中表明可以出售，而且还告知了 Paypal 账号（欧美国家常见的第三方支付工具，类似我国的支付宝），则 GBC 律所会立即起诉该中国跨境电子商务企业，并冻结该 Paypal 账号——即便该账号中的全部或者大部分资金是中国跨境电子商务企业的合法收入。[③]

第五，美国特定法院存在纵容滥诉的嫌疑。到目前为止，此类美国律所担任原告律师起诉中国跨境电子商务企业的案件非常集中，大约 75% 的案件集中在美国伊利诺伊州北区联邦地区法院，20% 的案件集中在美国纽约州南区联邦地区法院，5% 的案件散见于其他法院。美国伊利诺伊州和纽约州都是美国经济比较发达的州，因此民事案件数量稍高于其他州是合理的；但就案件数量，此类诉讼在全美国分布太过集中，反映出美国律所是经过精心选择才选择了这两个法院。理论上来讲，这两个法院之所有受到美国律所的青睐，合理的解释是这两个法院是站在亲原告立场的，会在法律允许的范围内尽可

① https：//www. jianshu. com/p/7f177ae5f0e3，2022 年 5 月 17 日最后访问。

② 美国伊利诺伊州北区联邦地区法院，案号 21 - CV - 2180。

③ https：//www. jianshu. com/p/7f177ae5f0e3，2022 年 5 月 17 日最后访问。

能偏向原告。比如程序性地或者流程性地允许一次性起诉数十名被告，又比如程序性地或者流程性地允许电子邮件送达（按照美国法的规定，当面送达是一项宪法性质要求，除非有极端情况否则不能采用电子邮件送达方式）等。在Zuru案中，法院首先准许了美国原告的单方临时禁令（Temporary Restraining Order，简写为TRO，一般有效期15天，过期自然失效）申请，批准冻结所有被告的亚马逊网店资金；又在临时禁令快失效时准许了原告将临时禁令转化为诉中禁令（Preliminary Injunction，诉讼终结前都有效，除非法院指令终止诉中禁令）的申请，法院给出的理由是没有任何被告出庭提出异议。① 但是法院完全没有考虑，法院审理该申请时，原告电子邮件送达绝大多数的被告才4天时间，绝大多数的被告不可能行动如此迅速。又比如，伊利诺伊州北区联邦地区法院的一名资深法官Edmond常（亚裔，常法官）2020年1月在雅诗兰黛案中指出，原告不能随心所欲地起诉数百名被告，除非证明数百名被告彼此强烈相关以至于可以在同一个案件中对其进行审判。② 常法官在伊利诺伊州北区联邦地区法院属于资深法官，该判决在北区联邦地区法院很出名。理论上来讲，2020年6月之后，北区联邦地区法院其他法官面临一个原告起诉数百名被告的案件时，至少可以主动审查如此起诉的合法性，但是从目前收集的资料来看，多数法官还是选择不进行审查。因此，有一定的理由怀疑这两个法院的部分法官存在纵容滥诉的嫌疑。③

四、美国民事诉讼程序易于被滥用的经济和法律机理

其实大批量知识产权诉讼在很多国家都不是新鲜事。在我国，也存在广撒网式的知识产权诉讼。但是由于美国法的特点以及跨境电子商务的独特性，导致美国律所起诉中国跨境电子商务企业能够占据优势地位，因此导致诉讼

① 伊利诺伊州北区联邦地区法院，案号21－CV－2180。

② 伊利诺伊州北区联邦地区法院，案号19－CV－7878。

③ 由于这些案例都只存储在美国联邦法院的工作网站，并非专业数据库，因此，只能逐个案件单个文书进行下载和研究，因此时间和金钱成本很高，短时期内难以完成统计工作，暂时的结论只能是存在纵容嫌疑。

特别容易被滥用。

第一，在美国法下冻结中国跨境电子商务企业网店资金非常便利。美国电商平台的结算规则导致中国跨境电子商务企业的网店账户总会有一定量的资金。以美国亚马逊为例，美国亚马逊网店结算并非每天随时结算，而是每14天才能结算一次，即网店的销售金额不能每天从网店的亚马逊账户提款到网店经营者的公司或者私人账户，而是每14天才能提款一次。[①] 因此，在美国原告申请冻结被告的亚马逊账户资金时，中国跨境电子商务企业的账户总是有几千到几万美元资金不等。美国法允许法院根据需要颁布临时禁令，临时禁令的内容包括冻结账户。申请临时禁令，无需征求被冻结者（被告）的意见，法院审查时仅听取原告的陈述。[②] 因此，按照美国诉讼程序规则，冻结中国跨境电子商务企业被告的资金是非常容易实现的。美国原告和律所不用担心随后胜诉判决的执行问题。理论上来讲，美国法院即使判决中国跨境电子商务企业承担责任，中国法院也可以拒绝承认和执行该判决，但是在此类案件中，美国原告和律所的目标是冻结被告在美国电商平台的资金，根本不打算要中国法院来执行。由于每起诉讼的被告数量都很多，因此即便大多数的账户里只有几千美元，一起诉讼的收益仍然非常可观。要应对这个问题，中国跨境电子商务企业应当及时提款，并且在被冻结资金之后，及时提出解冻请求（提出实质抗辩和提出管辖权异议是相互矛盾的——即如果有部分法院或者法官将解冻申请视为实质抗辩，则一旦提出解冻申请就相当于放弃提出属地管辖权异议；伊利诺伊州北区联邦地区法院帕库法官不将解冻申请视为实质抗辩，其他法官有待逐个分析）。

第二，美国民事诉讼规则中的不应诉判决制度对中国被告非常不利。我国民事诉讼法不强制被告答辩，即被告收到起诉状和传票之后可以提交答辩状，也可以不提交答辩状，不提交答辩状不会有负面后果。但是美国民事诉

① 江义火、袁晓建、吴昌钱：《中小零售企业 B2C 跨境电商平台选择策略》，《商业经济研究》2019 年第 19 期。

② 美国联邦民事诉讼规则第 65 条 b 款（2022 版）。

讼法规定了强制答辩，即收到起诉状和传票之后必须在 21 天之内（送达之日计为第一日）书面答辩，否则法院会采信原告的主张，满足原告的所有请求。[①] 该制度对中国跨境电子商务企业被告非常不利：首先，错过时间就可能导致案件败诉，往往需要赔付原告所主张的全部损失或者是全部被冻结的资金。其次，选择和解谈判的被告，也由于时间的压力被迫在快过期的时间点以极大的让步来和解。应对这个问题的办法是及时聘请美国律师进行答辩，如果时间来不及，即便过了答辩期，只要法官还没有作出不应诉判决，就要马上申请延期答辩（只要不迟延太久美国法官大概率会准许）。

第三，美国法院对送达方式进行自由裁量准许电子邮件送达，对中国被告非常不利。美国法下，民事诉讼文书的送达是一项宪法性规则，能够直接送达则必须直接送达，不能采用电子邮件等替代方式。但是美国法也留下了自由裁量的空间给美国法院，即在不违背《海牙送达公约》的情况下，法院可以根据具体情况决定送达方式。由于中国和美国都是《海牙送达公约》的成员国，且中国加入《海牙送达公约》时进行了保留，因此理论上来讲，如果原告及其律师知晓被告的准确地址或者能够通过合理的努力获得被告的准确地址，那么必须按照《海牙送达公约》的规定进行送达——这样送达的时间和金钱成本比电子邮件送达高出特别多。由于美国诉讼程序是典型的当事人主义——凡事都必须当事人去主张，而在此类案件中被告根本不会应诉，因此，法院在被告不提出异议（包括所谓送达之后不尽可能早地提出异议）的情况下，美国法院决定电子邮件送达，也不能认定违法。这种情况对中国跨境电子商务企业被告非常不利。在伊利诺伊州北区联邦地区法院，目前收集的材料表明支持和反对要求按照《海牙送达公约》进行送达的案例至少各有一个。即便法官刚开始允许电子邮件送达，但被告在收到电子邮件之后及时报出自己的准确地址且对电子邮件送达提出异议，法官支持了被告要求按照《海牙送达公约》进行送达的请求；而在相同法院的另一个案件中，另一

① 美国联邦民事诉讼规则第 12 条 a 款 1 项及第 55 条（2022 版）；各州法的规定也大致与联邦法类似。

位法官认为被告身处外国，无法获得其准确地址（加之其已经进行了实体答辩），因此电子邮件送达有效。应对这个问题的思路是及时提出异议并且要求法官命令原告重新按照《海牙送达公约》送达。

第四，美国商标法和版权法的法定赔偿规则对中国跨境电子商务企业被告非常不利。美国商标法和版权法都规定了法定赔偿——法律规则的商标侵权和版权侵权的赔偿金额范围，而且其法定赔偿有常规赔偿和惩罚性赔偿的区分。一般而言，法定赔偿的金额比实际损失赔偿的金额要高很多，因此对中国跨境电子商务企业被告非常不利。在大量针对中国跨境电子商务企业的诉讼中，相当多的被告的确销售了部分侵权产品——或者疑似侵权产品。但是法定赔偿制度导致一种可能性：一个中国跨境电子商务企业销售了100美元的版权侵权产品，理论上最高赔偿金额可以达到15万美元。实际上，美国法院很少会顶格判决赔偿金额，但是至少存在这种可能性。无论是从诉讼的角度，还是从和解协商的角度，这都对中国跨境电子商务企业不利。应对这个问题的思路是，美国法虽然规定了高额的法定赔偿，但是第七巡回上诉法院（伊利诺伊州北区联邦地区法院的上级）有案例明确规定冻结资金只能应对实际损失，不能因为索要法定赔偿而冻结资金。

第五，美国法赋予原告合理调取证据的规则提高被告应诉成本。美国法下，向对方、政府以及任何第三人获得证据是民事诉讼当事人的重要权利。①即便原告陈述的事实不尽准确或者没有证据支持，法院也不会第一时间驳回诉讼请求，而是允许原告通过证据开示获得相关证据，在适当的情况下，还可以根据后面获得的证据修改先前提交的起诉状；而证据开示的成本是非常高的，对原被告一样——但是被告才是资金被冻结的一方。因此，被告无论是自身应诉需要获得证据，还是应原告请求提供证据，其成本都非常高。这也是GBC律所等逼迫中国跨境电子商务企业和解的重要手段。应对此问题的方案是尽早地提出程序性抗辩，如管辖权异议或者解冻申请等（注意不是所

① 美国联邦民事诉讼规则第45条。

有的法院和法官都认同解冻申请是程序性的而非实体性的）。

小　结

应对该类滥用诉讼程序，侵害中国跨境电子商务企业权益的行为，应当从中国企业、社会和国家多个层面来探讨，其中美国法院的诉讼程序本身是正面战场，应该得到重视。中国跨境电子商务企业应诉维权的各种法律抗辩工具中，最可能产生良好效果的有：无地域管辖权抗辩、无效送达抗辩、合并被告不合法动议、解除冻结动议、判决要约制度，以及答辩前或答辩中驳回动议和实体不侵权抗辩。其中前四项为纯程序性抗辩，第五、六项为程序与实体相结合的抗辩，第七项为实体抗辩①。由于实体抗辩是一大类型的法律关系分析，可以包括任何类型的知识产权诉讼，对其进行实际分析会相当于完整重述美国知识产权法，因此不作为本书的分析内容。②本书第二章至第五章分别分析无地域管辖权抗辩、无效送达抗辩、合并被告不合法动议、解除冻结动议；第六章分析判决要约制度以及 12（b）（6）答辩前或答辩中驳回动议，并分析被告综合运用以上所有法律武器的整体思路③，试图为中国跨境

---

① 按照汉语习惯，对于法院管辖权的质疑应当表述为“管辖权异议”；但按照美国民事诉讼法的对抗逻辑，提出管辖权的问题实际上是被告的攻防工具，因此本书还是将其表述为抗辩；又抗辩是实际内容，动议是外在形式，因此本书在指向内容时采用抗辩的表述，在指向法庭的诉讼程式采用动议的表述。其他抗辩内容的表述以此类推。判决要约制度虽然是一种攻防工具，但内容非抗辩形式非动议，因此称之为判决要约制度。

② 本书不分析实体抗辩的另外一个重要理由是：考虑到美国民事诉讼程序的复杂程度，如果不能通过程序性抗辩逼迫美国原告和解或者提前获胜，而是要最终在庭审中提出实体上的不侵权的抗辩，中国跨境电子商务企业要付出的时间和金钱成本已经非常高昂（可能远高于对方索赔的金额），因此实体上的不侵权抗辩对绝大多数的中国跨境电子商务企业没有实际意义——但是从诉讼策略来讲，可能在审前动议中，如 12（b）驳回动议中提出实体上的不侵权抗辩，这一点将是本书的分析内容。

③ 判决要约制度以及答辩前驳回动议和答辩中驳回动议内容都比较简单，不够独立成章。前者只能用来帮助解决律师费的问题；在中国摩擦的大环境下以及美国民事诉讼法的有利被动议方倾向下，后者往往只能用来给原告施加压力，但通过赢得动议而直接胜诉很难，因此两者在本书的法律策略中都属于次要法律武器，因而在第六章中结合整体应诉策略分析，而不独立成章。

电子商务企业在美国应诉维权提出体系化的法律策略。

本书是一本兼具理论研究与实务研判的法律书籍。本书的撰写是基于作者代表中国跨境电子商务企业在美国法院应诉维权的经验。为生动形象地向读者介绍和分析美国法律制度便于读者理解，因此本书第一章对该真实案例的案情以及应诉过程进行介绍，以便读者在阅读后续章节时更好地理解各种美国法律制度。该案的案情和各种文件本身业已提交美国联邦法院系统，属于公开的公共信息，因此披露和分析这些信息不违背律师职业道德。至于该案中未成为公共信息的部分，本书不披露或者以处理脱密的方式披露。

有理由认为针对中国跨境电子商务企业的收割式诉讼已经不是纯粹私人的、单个的行为，而是有意识的和系统性的行为。第一，美国律所存在严重的滥用诉讼程序的行为；第二，最近几年的形势发展表明越来越多的美国律所开始加入滥诉行列；第三，针对中国跨境电子商务企业的诉讼标的总金额已经超过了数百亿美元；第四，不排除特定美国法院的部分法官有意识地纵容滥诉行为；第五，不排除美国的政客意识到该领域的斗争，从而推波助澜将其开辟成中美贸易战的新战线。因此，积极开展理论研究和实务研判，对于维护中国企业的合法利益有着重要的意义。

第一章　中国跨境电子商务企业应诉维权案例

——水气球商标侵权案的案情及应诉法律思路

第一节　水气球商标侵权案的案情

水气球商标侵权案是Zuru公司在美国伊利诺伊州北区联邦地区法院提起的，针对138家电子商务企业（其中绝大部分为中国企业）的商标权和著作权侵权案。本案第91号被告深圳市东理互联网科技有限公司（以下简称“东理科技公司”）面临美国律所滥用民事诉讼程序，积极聘请律师应诉抗辩，取得了应诉维权的成功，以非常低的代价收回了绝大部分资金。

一、当事人

本案是Zuru公司向美国伊利诺伊州北区联邦地区法院提起的商标权和著作权侵权案，共有3个原告和138个被告。本案的三个原告分别为Zuru Inc.，系根据英属维京群岛和香港法成立的股份有限公司，主要营业地在香港；Zuru LLC.，系根据美国加利福尼亚州法成立的有限责任公司，主要营业地在加利福尼亚州；Zuru（Singapore）PTE.，Ltd.，系根据新加坡法成立的有限责任公司，主要营业地在新加坡。本案原告Zuru（Singapore）PTE.，Ltd.是涉案美国商标 Bunch O Balloons 的持有人，其将该商标在美国的使用权排他许可给 Zuru Inc. 公司。案外人德克萨斯 Tinnus Enterprises，LLC. 是涉案水气球图案的著作权所有人，其将该作品在美国的使用权排他许可给 Zuru Inc. 公司和 Zuru LLC. 公司。经过在伊利诺伊州州务部公司登记查询平台查询，以上三家公司均未申请作为外州公司在伊利诺伊州展开经营活动。

本案的被告是 138 家在美国亚马逊、Ebay、Aliexpress 等网络电子商务平台经营的商家，原告在提起诉讼时并没有直接起诉经营这些网店的企业或者个人，而是直接将网店商家列为被告，并将其统称为“the individuals，corporations，limited liability companies，partnerships，and unincorporated associations and foreign entities identified on Schedule A attached hereto”，并通过附件列举网店商家名称和网店主页链接的方式载明 138 家被告。被列入的第一家被告为“Baoding Auge Fashion Business And Trading Company”，很明显该网店为一家中国企业。本书作者担任代理律师代理的网店商家为第 91 号被告 Eaglecam，是一家位于广东深圳的小公司，主要由一对夫妇经营，全部员工包括两夫妇在内共 4 人。本案第 67 号被告为一家名为 Million Billion 的网店商家，也是一家中国跨境电子商务企业。根据附件 A 所列 138 家被告的网店商家名称以及根据当事人的经验，估计这 138 家被告超过 90% 的为中国跨境电子商务企业。

二、起诉案由

本案原告起诉被告的案由有四个，分别是：第一，根据美国联邦法典第 15 编第 1114 条和第 1117 条的侵犯商标权和假冒商品；第二，根据美国联邦法典第 15 编第 1125 条的虚假标识商品来源；第三，根据美国伊利诺伊州法典第 815 章第 510/1 条的欺诈性贸易行为；第四，基于美国联邦法典第 17 编第 101 条的侵犯著作权行为。显然，其中第一、二、四项均基于美国联邦法，第三项基于伊利诺伊州州法，而第二、三项是与商标侵权案由有关联，与第一项侵犯商标权构成一个“案由族群”。

本案中的商标 Bunch O Balloons 系案外人德克萨斯 Tinnus Enterprises, LLC. 于 2015 年 3 月 24 日申请获批的美国商标，用于国际商品分类第 28 大类下的水气球产品。① 该商标权利范围申明中载明，不对单词“Balloons”主张权利。② 该商标于 2018 年 11 月 1 日转让给案外人弗吉尼亚 Creative Impact Inc. 公司，并于 2020 年 5 月 7 日再次转让给本案原告之一 Zuru（Singapore）PTE.，Ltd. ③ 本案中的作品“水气球束”（如果用日常的英文表述应为“a bunch of water balloons”）由水气球快速充水装置的发明人 Joshua Malone 创作，权利归属于案外人德克萨斯 Tinnus Enterprises，LLC. 公司。Tinnus Enterprises，LLC. 公司向美国著作权登记处申请登记了著作权，获登记的证书编号为 VA 1 - 935 - 444，该著作权登记将作品列为雕塑作品，并附了权利申明范围的三张照片。

1. 争议事实

（1）原告诉称之事实

原告诉称 138 家被告均系网络电商平台的网店商家，从事销售假冒原告产品之行为。④ 原告还诉称，所有的被告都在伊利诺伊州开展相当程度的经营活动，导致原告可以提起本诉讼的案件事实发生在伊利诺伊州，并且发生在北区联邦地区法院管辖区内，因此得出北区联邦地区法院对所有被告均享有地域管辖权的结论。⑤

原告还诉称三个原告都是 Zuru 集团下的企业，Zuru 集团经过长期的经

① 美国专利商标局商标数据库查询结果，https://tmsearch.uspto.gov/bin/showfield? f = doc&state = 4809: 38jk25.2.1，2022 年 6 月 1 日最后访问。

② 美国专利商标局商标数据库查询结果，https://tmsearch.uspto.gov/bin/showfield? f = doc&state = 4809: 38jk25.2.1，2022 年 6 月 1 日最后访问。

③ 美国专利商标局商标转让数据库查询结果，https://assignments.uspto.gov/assignments/q? db = tm&qt = sno&reel = &frame = &sno = 86292103，2022 年 6 月 1 日最后访问。

④ 美国伊利诺伊州北区联邦地区法院，案号 21 - CV - 2180，起诉状，第 2 段。

⑤ 美国伊利诺伊州北区联邦地区法院，案号 21 - CV - 2180，起诉状，第 3 段。

营，集团及其产品在玩具大类领域获得了国际声誉，消费者认可其质量、可信度和价值。[①] 原告投入了大量的时间、金钱和其他资源进行宣传，使得 Bunch O Balloons 商标得到广泛认可。[②]

原告声称绝大多数的被告在中国经营，但是销售产品到全美国，包括伊利诺伊州。[③] 每一个被告都将包括伊利诺伊州的全美国当作目标市场，要么曾经要约销售，或者持续性销售产品到伊利诺伊州以及北区联邦地区法院的辖区内。

原告诉称被告使用互联网相关技术或者策略，导致其产品销售链接出现在搜索结果页面的最上面，且其产品页面使得消费者误以为其系正版的 Bunch O Balloons 产品。[④]

原告称被告们的网店存在共通的特征，如网站设计的相似性，以及销售产品的类似程度等，据此可以判断出被告之间肯定存在逻辑上的关系，且可以推断被告们的非法活动系出自相同的交易或者事件，或者一系列相同的交易或者时间。[⑤] 原告还诉称被告试图通过多层的公司、网店的结构隐藏自己的身份，试图规避非法假冒商标商品的责任。原告特别指出，众多被告的网店部分信息字段均呈现无意义的随机字母组合，而被告销售的产品高度类似，极有可能出自相同的厂家。[⑥]

原告的诉称还包含一项政府数据。原告援引美国国土安全部的资料称，2017 年，美国政府罚没的（国外生产试图销售到美国的）仿冒产品价值 12 亿美元；（考虑到美国政府罚没的比例不可能太高），原告声称国外跨境电子商务企业销售总收入为 1350 亿美元以上。[⑦] 有意思的是，原告并未说明，其所说仿冒产品系本案产品，还是所有各种类型、各个不同商标的产品。原告

① 美国伊利诺伊州北区联邦地区法院，案号 21 - CV - 2180，起诉状，第 10 段。
② 美国伊利诺伊州北区联邦地区法院，案号 21 - CV - 2180，起诉状，第 14 段。
③ 美国伊利诺伊州北区联邦地区法院，案号 21 - CV - 2180，起诉状，第 16 段。
④ 美国伊利诺伊州北区联邦地区法院，案号 21 - CV - 2180，起诉状，第 20 段。
⑤ 美国伊利诺伊州北区联邦地区法院，案号 21 - CV - 2180，起诉状，第 2 段。
⑥ 美国伊利诺伊州北区联邦地区法院，案号 21 - CV - 2180，起诉状，第 22、23 段。
⑦ 美国伊利诺伊州北区联邦地区法院，案号 21 - CV - 2180，起诉状，第 17 段。

也未说明其估计的1350亿美元系销售仿冒产品的总收入，还是销售仿冒产品以及合法产品的总收入。原告似乎在通过一个更庞大的市场销售金额，暗示其水气球产品因为商标侵权或者仿冒遭受了重大的损失。但是通观整个起诉状，原告并未透露其正常销售相关产品一年的营业收入总金额有多大，也未估计被侵权或者被仿冒导致的营业额损失的金额。

以上任何的声称，原告均是指所有的被告。在整个起诉状中，原告没有对任何一个被告进行单独的事实陈述或者主张，原告在起诉状中指称被告时总是使用“Defendants”“all Defendants”“each of the defendants”的单词。在声称销售侵权产品时，原告指责所有被告销售了仿冒 Bunch O Balloons 商标的产品，但是原告并未具体指出，所谓仿冒商标究竟是直接盗用完全一样的商标，还是通过打擦边球的方式使用近似的商标误导消费者。现实情况下，原告是可能作出更具体的描述的，原告把138个被告的网店销售其所称侵权产品的页面全部截图存证了——原告就不可能不知道第91号被告虽然销售了水气球产品，但是使用的是另外一个完全不一样的商标，只不过销售页面确实存在“bunch”和“balloon”的字样（但是没有“Bunch O Balloons”的字样）。

（2）第91号被告辩称之事实

第91号被告 Eaglecam，是一家位于广东深圳的小公司，主要由一对夫妇经营，全部员工包括两夫妇在内共4人。需注意 Eaglecam 是第91号被告的网店名称，在亚马逊注册运营 Eaglecam 网店的主体为东理科技公司，该公司的投资人和管理人为居住于广东省深圳市的黄卫平。①

Eaglecam 是黄卫平和东理科技公司运营的唯一美国亚马逊网店，网店在美国亚马逊登记时登记了黄卫平的身份信息、居住信息以及东理科技公司的登记信息。换言之，通过美国亚马逊可以非常容易地找到 Eaglecam 网店运营

① 美国伊利诺伊州北区联邦地区法院，案号21－CV－2180，第91号被告 Eaglecam 的无地域管辖权驳回动议，附件五，黄卫平的声明。

主体的详细信息。①

黄卫平并不认识其他亚马逊卖家，除了亚马逊之外也没有与任何平台有关联。② 黄卫平通过不断摸索和吸取教训，学习和掌握美国亚马逊网店运营的技术与技巧。③

Eaglecam 网店是在 2017 年开始运营。④ 2018 年 4 月，东理科技公司发现一款“水气球”产品市场非常火，于是根据亚马逊的跟卖实践（一种亚马逊电子商务的常见操作）开始销售自己品牌的水气球产品⑤。水气球产品的图片是黄卫平从互联网上下载的。东理科技公司使用了“Eaglefuny”商标，在产品销售链接页面中使用“a bunch of water balloons”描述产品，但是未使用“Bunch O Balloons”商标，也未使用“Bunch O Balloons”等三个单词连在一起的表述。⑥ 2018 年 5 月，东理科技公司将该产品从网店下架，不再销售。⑦ 2018 年 4 月到 5 月，Eaglecam 共向消费者销售了 5 单，每单一件产品，总销售金额为 74.94 美元，且无任何一单销往美国伊利诺伊州。⑧

Eaglecam 主要经营的产品为口罩、行车记录仪、车载吸尘器和玩具产品，面向全美国市场销售。根据亚马逊的销售记录，Eaglecam 销往伊利诺伊州的产品总销售额约占其网店总销售额的 2%，且 Eaglecam 从未向位于伊利诺伊

① 美国伊利诺伊州北区联邦地区法院，案号 21 - CV - 2180，第 91 号被告 Eaglecam 的无地域管辖权驳回动议，附件五，黄卫平的声明。

② 美国伊利诺伊州北区联邦地区法院，案号 21 - CV - 2180，第 91 号被告 Eaglecam 的无地域管辖权驳回动议，附件五，黄卫平的声明。

③ 美国伊利诺伊州北区联邦地区法院，案号 21 - CV - 2180，第 91 号被告 Eaglecam 的无地域管辖权驳回动议，附件五，黄卫平的声明。

④ 美国伊利诺伊州北区联邦地区法院，案号 21 - CV - 2180，第 91 号被告 Eaglecam 的无地域管辖权驳回动议，附件五，黄卫平的声明。

⑤ 美国伊利诺伊州北区联邦地区法院，案号 21 - CV - 2180，第 91 号被告 Eaglecam 的无地域管辖权驳回动议，附件五，黄卫平的声明。

⑥ 美国伊利诺伊州北区联邦地区法院，案号 21 - CV - 2180，起诉状附件。

⑦ 美国伊利诺伊州北区联邦地区法院，案号 21 - CV - 2180，第 91 号被告 Eaglecam 的无地域管辖权驳回动议，附件五，黄卫平的声明。

⑧ 美国伊利诺伊州北区联邦地区法院，案号 21 - CV - 2180，第 91 号被告 Eaglecam 的无地域管辖权驳回动议，附件五，黄卫平的声明。

州的“2159 Coburn Hollow Road，Peoria，Illinois，61602”地址销售任何产品（该地址是原告起诉被告的附件证据中网店销售页面截图时，潜在买家的地址）。[①]

黄卫平夫妇、东理科技公司的员工（以下简称“东理科技公司及相关人员”）从未到过伊利诺伊州；除了亚马逊网店的产品页面可以被伊利诺伊州居民看到之外，东理科技公司及相关人员从未针对伊利诺伊州开展任何宣传行为；东理科技公司及相关人员从未在伊利诺伊州设立办公室或代表处、聘用雇员、委托任何代理人、进行电话推销或者设立任何销售机构；东理科技公司及相关人员未在伊利诺伊州开设银行账户或者向伊利诺伊州政府缴税；东理科技公司及相关人员也没有在伊利诺伊州拥有任何不动产和动产。

2. 原告申请法院冻结被告资金的情况

本案原告于2021年4月22日向北区联邦地区法院提起诉讼。在提起诉讼的同时，原告做了三件事情：第一是以避免被告逃避责任为由，申请法院先期封存起诉状附件A被告名单，直至法庭另有指示前名单不公布[②]；第二，原告同时向法院单方面申请临时禁令（Temporary Restraining Order，简称TRO），要求法院批准冻结被告网店在亚马逊、Ebay等各种网络销售平台的账户资金，以及被告网店使用的如Paypal等支付平台的账户资金，从而避免被告抽逃资金；第三，原告申请法院批准不用当面送达的方式，而是用电子邮件的方式进行起诉状和传票的送达，原告的理由是：被告系跨境电子商务企业且大部分位于中国等境外地区，而且被告全部都有层层设立复杂公司和网店层级的

---

① 涉案产品水气球从未销售到伊利诺伊州，其他产品销售到伊利诺伊州约占销售总金额2%，但是从未有任何一件产品销售到该伊利诺伊州地址。

② 因为美国联邦法院民事案件（婚姻家庭法院的案件例外）的各种文件均归信息公开法案规制，除非法庭另有指示否则都会自动公开，因此，在原告起诉提交诉状的当天，被告就可能得知自己被起诉从而抽逃资金逃避责任。因此，封存名单可以防止被告逃避责任，这也是此类诉讼中原告律师的常见策略。

方式隐匿身份和地址的行为。

2021 年 4 月 27 日，本案主办法官帕库法官批准了原告的单方申请。法官首先同意了先期封存起诉状附件 A 被告名单的请求，批准了原告要求电子邮件送达的要求，同时还作出了临时禁令。法官在临时禁令中要求原告提供一万美元的担保，在有担保的情况下，法官命令亚马逊、Ebay 的网络销售平台在收到临时禁令副本以及起诉状附件 A 被告名单之日起 3 个工作日内冻结所有被告的账户和资金，并命令 Paypal、Alipay、西联等支付平台，以及所有银行和金融机构在收到文件之日起 2 个工作日内冻结所有被告的账户和资金。① 法官在其临时禁令的最后一段中载明，临时禁令自 2021 年 4 月 27 日下午 3 点生效，有效期为 14 天。②

原告代理律师非常迅速地将临时禁令送达给亚马逊、Ebay、Paypal、西联等平台，数天后，被告的网络销售平台和支付平台资金全部被冻结。第 91 号被告被冻结的美元资金达六位数。③ 据黄卫平估计，本案第 67 号被告 Million Billion 的网店商家被冻结的美元资金应该接近七位数——根据销售网页的消费者留言量和反馈量估计。

原告于 5 月 10 日再次单方面向法庭申请延长临时禁令，法官于 5 月 11 日批准原告的申请，将临时禁令的期限延长 14 天，至 2021 年 5 月 25 日。④ 法官在延长临时禁令的命令中表述，根据原告的申请和原告（单方面）提交的法律备忘录，有合理的理由按照美国联邦民事诉讼规则第 65 条之规定批准申请。⑤

2021 年 5 月 25 日，原告联系北区联邦地区法院书记官办公室开出了对全

① 美国伊利诺伊州北区联邦地区法院，案号 21 - CV - 2180，临时禁令（2021 年 4 月 27 日）。

② 美国伊利诺伊州北区联邦地区法院，案号 21 - CV - 2180，临时禁令（2021 年 4 月 27 日）。

③ 由于这里的金额以及后面谈判和和解的金额仅由双方当事人和律师知晓，并未载入任何法律文书提交到法院系统，因此，按照最后和解协议的要求以及律师职业道德规则的要求，不能透露具体金额。

④ 美国伊利诺伊州北区联邦地区法院，案号 21 - CV - 2180，临时禁令（2021 年 5 月 11 日）。

⑤ 美国伊利诺伊州北区联邦地区法院，案号 21 - CV - 2180，临时禁令（2021 年 5 月 11 日）。

部被告的传票。[①] 同一天，原告向法院提交动议，要求法院将临时禁令转化为初步禁令，并联系书记官办公室及帕库法官的助理，将申请初步禁令的动议的听证日期设在2021年6月2日。[②] 此后数日，原告律师开始向众多被告进行电子邮件送达，其送达的内容为起诉状、传票、临时禁令以及6月2日的听证会通知。第91号被告Eaglecam通过电子邮件收到送达的日期为2021年5月31日。

2021年6月2日，北区联邦地区法院就原告的初步禁令申请举行了听证会，被告无一出席。在没有任何被告出席反对及发表意见的情形下，法官批准了原告的动议，开出了初步禁令。在法院批准原告动议的命令中，法官说明批准动议的重要理由是没有任何被告出席反对。[③] 初步禁令规定：第一，临时禁令中对被告的网店、账户、资产的冻结一直有效，直至初步禁令被终结或者案件终结时止（没有失效期）。第二，对先期封存的附件A被告名单进行解封。第三，原告要重新缴纳一万美元的担保。第四，任何被告均得在应诉时动议要求2日内的听证[④]进行解封。[⑤]

原告在2021年5月26日向法院提交了针对个别被告的自愿撤诉通知[⑥]，该通知无须法庭批准，自动生效。原告之所以对个别被告自愿撤诉，其原因应该是该被告赔偿了原告一笔资金，与原告达成了和解。

---

① 美国伊利诺伊州北区联邦地区法院，案号21-CV-2180，法院案卷目录第24项。

② 美国伊利诺伊州北区联邦地区法院，案号21-CV-2180，法院案卷目录第34项。

③ 美国伊利诺伊州北区联邦地区法院，案号21-CV-2180，法院案卷目录第39项。

④ 一般来说，美国联邦法院的其他动议听证都需要和法官以及对方律师排期，期间为30~120天不等。

⑤ 美国伊利诺伊州北区联邦地区法院，案号21-CV-2180，法院案卷目录第40项。

⑥ 美国伊利诺伊州北区联邦地区法院，案号21-CV-2180，法院案卷目录第32项。

第二节　水气球商标侵权案中被告的应诉法律思路

一、被告应诉维权成功的过程

2021年5月中旬，黄卫平发现自己的亚马逊网店Eaglecam的资金账户被冻结，新销售的货款可以进到其亚马逊资金账户，但是不能从亚马逊资金账户提款到自己的银行账户。黄卫平联系亚马逊平台询问账户冻结的情况，但并没有解决问题。2021年5月31日，黄卫平收到来自原告律师发送的电子邮件送达，邮件里有起诉状、传票、临时禁令和2021年6月2日举行初步禁令动议听证的通知。

2021年6月9日，黄卫平聘请笔者担任其委托代理人，与芝加哥清水正东律师事务所主任胡逸伦律师（以下共同称为“被告律师”）一起负责代理东理科技公司与原告进行谈判并应诉维权。被告律师立即与原告律师进行联系，针对原告的起诉指出其起诉的缺陷，提出和解方案。经过三轮的邮件辩论和和解方案交换，原告律师在作出小幅让步的情况下，不愿意继续妥协。

被告律师立即撰写答辩状和请求直接驳回的动议，在6月20日提交法院案卷系统，并送达给原告律师。被告律师在提交动议之后，即按照主办法官在网上公布的听证日程，与原告律师协商直接驳回动议的听证日期。被告律师提出在6月下旬或者7月上旬举行听证，原告律师建议安排到9月中旬，双方无法达成一致。被告律师联系法官助理，将该争议提交法官裁决，法官指示8月中旬举行听证。

原告律师在6月21日迫不及待地申请法院针对全体被告作出不应诉判决。[①] 原告律师忽略被告律师已经代表第91号被告答辩并提出直接驳回动议

① 美国伊利诺伊州北区联邦地区法院，案号21－CV－2180，法院案卷目录第54、55项。

的事实，并未将第 91 号被告从不应诉判决动议中排除。换言之，如果原告的不应诉判决请求被法院原封不动批准，则包括第 91 号被告在内的所有被告直接败诉。因此，被告律师撰写不应诉判决的异议，并且提交了法律备忘录。在 6 月 23 日原告提交不应诉判决之后，陆续有三四家被告委托代理律师出庭，有的提交了驳回动议，有的申请法院批准延长答辩期限。本案主办法官批准了延长答辩期限的申请。

考虑到法院指示 8 月中旬才举行直接驳回动议的听证，因此被告律师进行了进一步检索，决定继续提交法院无地域管辖权动议和要求法院及时解冻的动议，给原告施加压力，迫使原告让步，尽量快速达成和解。2021 年 7 月 20 日，被告律师提交了法院无地域管辖权动议，原告律师愿意将和解金额降低到五位数美元资金。2021 年 8 月初，被告律师完成了要求法院及时解冻的动议及法律备忘录并发送给原告律师，原告律师迅速妥协，最终双方以四位数美元金额达成和解。

二、水气球商标侵权案中被告的应诉实体法律要点

1. 被控专利侵权的风险

本案原告起诉被告商标权和著作权侵权，非常有意思的事情是涉及商标权和著作权的原告和被告的水气球产品，就功能而言的确非常类似，但是原告并未起诉被告专利权侵权。被告律师在接受委托的最开始分析该问题的判断是：原告水气球产品虽然功能颇有创新，但是可能没有申请发明专利和外观设计专利，或者申请未获批，因为仅以商标权侵权和著作权侵权为由起诉被告。但是事后检索发现，原拥有商标权和著作权的主体，成功申请到了该产品的发明专利，而且获批时间完整覆盖本案被控侵权的时间范围。本案被告被控侵权行为自 2018 年 4 月至 2021 年 4 月。至于为什么原告起诉并未主张专利侵权，原因难以确定。这个现象也给被告应诉答辩的前景蒙上了阴影——在美国民事诉讼程序全面起诉全面答辩规则的情况下，原告在诉讼的早

期和中期可以申请修改起诉状追加诉讼请求，原则上法院都会允许。

2. 商标权侵权指控不成立

即便原告拥有合法有效的商标权，本案中至少第91号被告并未实施侵犯商标权的行为。经过在美国专利商标局商标数据库查询，原告的第28大类产品水气球小类的商标 Bunch O Balloons 的确经过商标登记，是合法有效的商标，而且其登记日期为2015年，能够覆盖本案被控侵权的时间范围。

即便如此，被告律师认为本案商标权侵权并不成立。原告的商标是文字和图案商标，文字内容为“Bunch O Balloons”，且原告的前手申请商标时明确表示放弃对“Balloons”主张权利。本案中第91号被告 Eaglecam 在销售水气球产品时，使用的是自己的商标“Eaglefuny”，与原告的商标可以说毫无关系。在被告的产品销售页面上，有非常清晰的商品品牌栏目，栏目明确记载该水气球产品是 Eaglefuny 牌。

被告必须承认其水气球销售页面确实在商品描述中出现了“bunch”和“Balloon”的字样，但是这不意味着被告侵权。原因在于，被告销售的产品本身就是水气球，水气球的英文表述并没有另外的生造单词，而是 Water Balloon。

作为一种在美国很畅销的用来打水仗的玩具，水气球不会单个出售，而是会集束出售，因此，按照英语的一般表达，这样的产品就会被表述为“a bunch of balloons”或者“a bunch of water balloons”。因此，包括被告 Eaglecam 在内，所有的商家在描述该商品时，都不可避免地使用“bunch”和“Balloon”字样，如果这样也认定为侵权，则会妨碍公众正常的语言表达。因此，即便被告使用了相关字样，也不应该认定为商标权侵权。

当然，水气球产品也可以不集束出售，比如就直接把未充水的气球直接装袋或者装盒子里，就应该描述为“a bag of balloons”或者“a box of balloons”，这样就可以避免使用 bunch 的字样。即便如此，被告可以选择销售集束形态的水气球产品，这恰恰是原告的前手发明水气球集束快速充水装置的效果，也是这种产品的市场竞争优势所在。因此，被告是有权销售集束水气球并使用“a bunch of balloons”的表述的。由于水气球快速充水装置确系原告的前手所发明，因此，原告可以主张专利权禁止众多被告销售使用类似专利技术的水气球产品。但本案原告并未起诉所有被告专利侵权，因此，本段前面的法律分析仍然成立。

3. 著作权侵权指控可能不成立

原告起诉被告著作权侵权可能不成立。在本案中，原告申请了著作权权属登记，但是按照中美共通的法理，著作权权属登记并非著作权成立的条件，因此不能说因为进行了权属登记就能证明原告拥有著作权。不过美国法下有规定著作权的权属登记是存在著作权的表面证据，因此，如果否认著作权，必须由被告方承担证明责任。

本案被告律师经过非常细致的分析，认为存在以下抗辩要点。第一，原告的著作权权属登记存在缺陷。原告申请雕塑作品著作权，使用三张作品不同视角的照片对作品进行了描述，其水气球集束头的小孔是 37 个；在原告的起诉状中，原告声称该作品集束头的小孔是 35 个，且这 35 个是原告精心选择的数字，体现了作者的审美意图。按照美国民事诉讼法的规定，虽然允许当事人在有正当理由的情况下修改起诉状，但是如果当事人足够迟延，修改起诉状会影响案件审理进度，则不允许当事人修改起诉状，且当事人受起诉状的拘束。因此，如果被告律师在案件审理的中后期提出该问题，可能将对手打个措手不及，能够争取法院驳回著作权侵权的请求。

第二，本案作品的特点几乎全为实现产品的实用功能，因此，很可能因为缺乏创新性导致没有著作权。本案所谓雕塑作品就是原告前手发明的集束水气球产品。该产品的集束头之所以选择 37 个小孔，不是因为任何审美或者艺术需求，而是为了对应塑料管供充水用，所以集束头的中央是一个管道孔，周围围绕 6 个管道孔紧密分别，再周围 12 个管道孔，最外侧一圈 18 个管道孔，全部加起来刚好 37 个管道孔，这是管道孔分布的物理规律，不是原告前手作者的艺术或者审美选择。而水气球产品是要给产品充水的，因此，考虑到重量和空间，没办法在外侧安排30个管道孔，否则充水过程中气球会相互挤压。而雕塑的中段是一根根塑料管，这些塑料管纯粹是为了充水用；雕塑的上缘是一个个气球，也是为了充水，成为打水仗的道具。因此，所谓雕塑作品的各个元素均是出于实用功能，而非审美艺术选择，因此不能构成作品。但是需要注意，审美是非常主观的，被告可以进行以上抗辩，但是陪审团或者法官不一定接受。

被告的网络销售页面的产品图片是从互联网下载的，不排除被告下载的照片也会面临著作权主张。考虑到原告的前手是水气球产品的发明人以及最早的经营者，产品图片的著作权可能归属原告，或者原告可以从其他著作权人处购买相应照片的著作权。

基于以上分析，原告可以根据著作权登记主张水气球雕塑产品的著作权，但是如果进入案件的实质审理过程中，被告可能主张该"作品"全部都是实现产品功能之考虑而不具有作品创新性。此外，被告的产品销售链接系互联网下载，也可能遭到原告主张著作权。

三、水气球商标侵权案中被告的应诉程序法律要点

1. 21天强制答辩与注定失败的和解谈判

被告律师在接受委托之后，迅速与原告律师展开和解谈判。在谈判的过程中，被告律师采用了边打边谈，以打促谈的策略：即表示愿意通过赔偿和解，又分批次指出对方诉讼的法律思路错误的地方。经过三轮邮件辩论和和解方案交换，原告律师在作出小幅度让步的情况下，不愿意继续妥协。

在非常不利的情况下，被告律师研判原告律师根本就缺乏和解的诚意，之前的几轮和解谈判报价纯粹是为了拖延时间：这是为更好利用美国法强制答辩制度和不应诉判决制度（国内也有人将其与我国的"缺席判决"对照）。美国联邦民事诉讼规则第12条a款规定，民事诉讼的被告应当在收到起诉状

和传票后21天内（从收到当日起算）书面提交并送达答辩状——此即强制答辩制度。[①] 如果违反强制答辩制度之规定，则原告有权按照美国联邦民事诉讼规则第55条之规定申请法院作出“不应诉判决”。[②] 不应诉判决作出时，法官基本上都会照单全收原告的主张，按照原告的诉讼请求判决案件。不应诉判决仅是本类判断的属性，其效力与经过庭审作出的“对席判决”效力并无二致。当然，强制答辩制度和不应诉判决制度也是存在例外的，比如被告可以提交答辩前动议[③]，又比如被告在21天经过之后的短期出庭要求延期答辩一般会被准许。[④]

从原告律师的角度思考，在21天强制答辩期间制度下，最合理的策略是拖过21天。本案2021年5月31日送达，21天强制答辩期间的最后一天是6月20日。直到6月11日，才有某被告的律师电子邮件联系原告律师提出和解，但是并未向法院提交答辩文书或者其他答辩前动议文书。原告律师只要拖过10天，即可向法院申请不应诉判决，从而获得该被告被冻结的六位数美元资金。本案第91号被告的律师第一轮出价是较大的四位数，设想和解谈判顺利，原告获得也不过几千美元。原告律师假装谈判让被告律师误判可能和解从而不提交书面答辩文件，才是实现利益最大化的策略。后续案件进展验证了被告律师的研判。2021年6月21日，在21天强制答辩期刚刚经过的第二天，原告律师迫不及待地向法院提出了不应诉判决的动议。

此类案件法律环境是美国法律要求强制答辩，现实环境是中国跨境电子商务企业面对法律差异、文化差异、应诉成本导致处于明显的弱势地位。法律环境和现实环境决定了中国跨境电子商务企业如果不拿起法律武器应诉维权，而是仅寄希望于和解谈判，那么和解谈判必然无法成功。

---

① Fed. R. Civ. P 12（a）（2022）.

② Fed. R. Civ. P 55（a）（b）（2022）.

③ Fed. R. Civ. P 12（b）（2022）.

④ Spurio v. Choice Sec. Systems，Inc.，880 F. Supp. 402（1995）迟延两天书面答辩被法院所接受。In re Chase & Sanborn Corp.，55 B. R. 538（1985）迟延四天书面答辩被法院所接受。Terio v. Great Western Bank，166 B. R. 213（1994）迟延五天书面答辩不被法院所接受。E. F. Hutton & Co.，Inc. v. Moffatt，460 F. 2d 284（1972）迟延一周书面答辩被法院所接受。

2. 原告之一无起诉资格

本案原告之一 Zuru（Singapore）PTE.，Ltd. 是一家新加坡公司，按照伊利诺伊州法律在履行特定手续之前无权作为原告提起诉讼。按照伊利诺伊州法典第805 章第5/13. 70 条之规定，外州公司在本州开展经营活动的，除非获得授权，否则不能作为原告参与民事诉讼（可以作为被告）。[①] 本条有两项例外：第一，该外州公司在伊利诺伊州州务部外州公司登记簿上进行登记，从而获得授权；第二，该外州公司未在本州开展经营活动。[②]

本案中原告仅声明其为外州公司，其中原告 Zuru（Singapore）PTE.，Ltd. 是一家新加坡公司。原告 Zuru（Singapore）PTE.，Ltd. 可以声明但是并未声明其已经在伊利诺伊州州务部进行了外州公司登记。在伊利诺伊州州务部公司登记数据库查询，也未能查询到该公司的信息。因此，可以假定该公司未履行登记手续。

在本案中，3 个原告在起诉状上声明被告侵犯了其商标权和著作权，其第三项诉讼事由指控被告进行不正当的商业欺诈行为影响 3 个原告的利益，还声明伊利诺伊州的法院对本案有管辖权，因此，3 个原告间接地主张了其在美国伊利诺伊州开展商业经营，否则被告不可能在伊利诺伊州侵犯其利益。当然，这一点并非确定，因为美国各州法对“开展经营”与“在某州销售货物”的判断还是有所差别的。3 个原告可以向伊利诺伊州销售货物，但是并未“开展经营”。如果是这种情况，则不会导致原告 Zuru（Singapore）PTE.，Ltd. 无原告当事人资格。不过如果原告在这个法律争议点胜出，则可以帮助到被告主张无地域管辖权抗辩——因为既然原告销售产品到伊利诺伊州不构成“开展经营”，同理，被告销售产品到伊利诺伊州亦不构成“开展经营”，则本案法院无一般管辖权。

---

① 805 ILCS §5/13. 70（2022）.

② 805 ILCS §5/13. 70（2022）.

3. 本案法院无地域管辖权

即便本案是联邦地区法院审理，但是考量管辖权问题时，仍需遵循伊利诺伊州法确定地域管辖权。[①] 联邦最高法院在国际鞋业公司案确定了最低限度的联系标准后，伊利诺伊州立法确定其管辖权的边界是联邦宪法确定的边界，即伊利诺伊州法院得行使尽可能大的管辖权，前提是不违反联邦宪法。[②] 因此，北区联邦地区法院不得违反最低限度的联系规则。

行使地域管辖权，需要被告与本州具有持续性和系统性的联系。[③] 而 2014 年联邦最高法院在 Daimler 一案中明确要求，存在持续性的和系统性的联系还必须要达到是被告像“在家”一样的状态。[④] 在本案中，第 91 号被告从来就没有出现在伊利诺伊州，从来没有在伊利诺伊州设立办事处、代表处或者进行广告宣传活动；不可否认的是，被告面向伊利诺伊州进行了销售不下 200 单的行为，销往伊利诺伊州的销售金额总量约占到销售总金额的 2% 。但是这并不构成美国法下的持续性和系统性的联系，因为“开设交互式销售网站……不应该导致卖家处于星球任何地方的法院管辖”。[⑤] 北区联邦地区法院自身也明确表示销售到伊利诺伊州占总销售金额 10% 不会构成“在家”的状态。[⑥] 因此，本案法院对第 91 号被告不能行使一般地域管辖权。

而行使特殊地域管辖权要求引发诉讼之事实本身与被告存在联系，简单点说，就是如果是基于特殊管辖权，则诉讼的案件只限于引发该案的事实。特殊管辖权和一般管辖权的核心区别在于：特殊管辖权仅因基于触发特殊管

---

① 在确定地域管辖权时，联邦法院按照其所处的州的州法确定管辖权。具体细节参见第二章管辖权部分。

② Mobile Anesthesiologists Chicago, LLC v. Anesthesia Assocs. of Houston Metroplex, P. A. , 623 F. 3d 440, 443 (7th Cir. 2010) 联邦第七巡回上诉法院是本案诺伊州北区联邦地区法院的直接上级法院。

③ uBid, Inc. v. GoDaddy Grp. , Inc. , 623 F. 3d 421, 425 – 26 (7th Cir. 2010) .

④ Daimler AG v. Bauman, 571 U. S. 117, 134 (2014) .

⑤ Advanced Tactical Ordnance Sys. , LLC v. Real Action Paintball, Inc. , 751 F. 3d 796, 800 (7th Cir. 2014) .

⑥ Nicholson v. e – TeleQuote Ins. , Inc. , No. 14 C 4269, 2015 WL 5950659, at 4 (N. D. Ill. Oct. 13, 2015) .

辖权的案件事实本身；而一般管辖权的正当性基础在于被告于本州的居民地位，即便判断其居民地位之事实与审理案件之事实无关，法院亦得行使管辖权。[①] 在本案中，原告起诉被告销售侵犯商标权和著作权的产品。但是涉案产品，被告总共才销售了5单，无任何一单销往美国伊利诺伊州。[②] 既然涉案产品本身没有销售到伊利诺伊州，那么伊利诺伊州法院不得对被告行使特别地域管辖权。

法院对被告行使管辖权，要么是一般地域管辖权，要么是特殊地域管辖权。[③] 在本案中，北区联邦地区法院对第91号被告既无一般地域管辖权，又无特殊地域管辖权，所以对第91号被告无地域管辖权。

4. 原告合并众多无关联的被告可能不合法

原告在本案中泛泛声称被告之间可能存在联络，进而将138个被告列入同一起诉讼的行为可能违法。

美国联邦民事诉讼规则第20条允许将多个不同的主体合并从而提高司法效率，前提是这些主体牵涉进同一交易、事件，或者一系列有关联的交易或者事件。北区联邦地区法院先例明确规定，原告将众多被告列入同一起诉讼，仅仅声称这些被告都侵犯了原告的专利权或者商标权是不够的。[④] 在考虑到此类诉讼开始阶段需要审查原告的单方面动议，法院需要更加谨慎地审查诉讼文件和证据材料，反而降低了诉讼效率。[⑤]

在本案中，原告仅泛泛声称所有被告之间存在联络，并声称被告的网店布局类似、销售的产品照片图样类似、销售价格接近，因此认为被告系同一

---

① See Goodyear Dunlop Tires Operations, S. A. v. Brown, 564 U. S. 915, 919 (2011).

② See Goodyear Dunlop Tires Operations, S. A. v. Brown, 564 U. S. 915, 919 (2011).

③ Ford Motor Co. v. Montana Eighth Judicial District Court, 141 S. Ct. 1017, 1024 (2021); Abelesz v. OTP Bank, 692 F. 3d 638, 654 (7th Cir. 2012).

④ Estee Lauder Cosmetics Ltd. v. P'ships & Unincorporated Assocs. Identified on Schedule A, 334 F. R. D. 182 (N. D. Ill. 2020).

⑤ Estee Lauder Cosmetics Ltd. v. P'ships & Unincorporated Assocs. Identified on Schedule A, 334 F. R. D. 182 (N. D. Ill. 2020).

系列交易和事件的相关主体。但是，正如第 67 号被告在其法律意见书中指出，原告自己提供给法院的起诉状附件——众多被告的网店销售页面的截图存在非常大的实质区别：网店来自不同的销售平台，有平台站也有自营站、同样产品的价格存在较大差异，有的商家使用了“Bunch O”但是其他商家并未使用类似字样。[①] 基于此，没有理由认为众多被告之间是存在联络的。因此，原告尝试在同一起案件中列入不相关的 138 个被告不合法，法院应当驳回起诉。

5. 原告对被告的送达可能不合法

本案中原告对被告的送达可能不合法，其违法性体现在两点：第一，本案虽然获得了法院的批准进行电子送达，但是法院不应该批准电子送达，因为中美两国均系《海牙送达公约》的成员国，应当按照公约进行送达；第二，本案原告在电子邮件送达时，仅送达了起诉状的正文，未附起诉状附件 Schedule A，Exhibit 1 and Exhibit 2，因此送达的诉讼文件不完整。

在本案中，第 91 号被告以及众多其他被告均系中国企业。中美两国都是《海牙送达公约》的成员国，依法应当通过《海牙送达公约》的方式送达。本案原告申请法院批准以及法院最终批准的电子邮件送达的理由是不知道被告的名称和地址，而且被告还存在隐匿自身信息的行为。首先，凡是被告在亚马逊、Ebay 等平台进行登记注册时，均需提供电子邮件和身份信息、住址等数据，既然原告可以从这些平台获得被告的电子邮件信息，没有理由不能获得身份信息和地址。其次，至少就第 91 号被告而言，不存在隐匿信息的行为。本案第 91 号被告在亚马逊登记时提供了营业执照副本、身份证号码、地址等信息，均为真实信息，完全没有隐匿自身信息的行为。因此，法院不应当批准原告申请的电子邮件送达的动议。

当然，从《海牙送达公约》而言，法院不应当批准电子邮件送达，但是

---

① 美国伊利诺伊州北区联邦地区法院，案号 21 - CV - 2180，法院案卷目录第 99、100 项。

现实中美国法院的确经常批准电子邮件送达。法院之所以这样做，其可能的理由是当时仅有原告单方面的申请，而绝大多数的被告不会出庭抗辩；出庭的绝大多数被告可能抗辩其他事由，不会抗辩送达无效。但在北区联邦地区法院以及其他美国法院，也存在被告抗辩，法院撤回原授权电子邮件送达命令的先例。因此，送达无效按照美国法的实践也是一项可能成功的抗辩。

在本案中，原告在起诉时来主动附上起诉状附件 Schedule A，Exhibit 1 and Exhibit 2。按照美国法规则，书状的附件是书状的组成部分。[①] 原告在电子邮件送达第 91 号被告时，仅送达了起诉状正文，未附附件，因而送达文件不完整。原告不能依照法院发表的临时禁令要求封存 Schedule A 和 Exhibit 1，因此禁令规定封存截止被告的账户被冻结。本案中第 91 号被告的账户大约在 2021 年 5 月中旬被冻结，而送达则是在 2021 年 5 月 31 日，因此原告不能将临时禁令作为理由不送达起诉状附件。

基于上述理由，本案原告送达不完整，不能构成有效送达。不能有效送达的案件应当被驳回，第一次驳回没有既判力，原告可以再次起诉并按照《海牙送达公约》规定的方式送达。如果是这样，则原告将无利可图，被告完胜。

6. 被告可以申请法院解除冻结

美国民事诉讼法的相关制度本身合理的公平（Reasonable fairness），但是结合此类案件的实际情况与中美两国当事人的悬殊诉讼地位，其制度容易被美国原告滥用，对中国跨境电子商务企业非常不利。其中对中国企业来说最有杀伤力的就是冻结资产的禁令制度、单方面申请制度和律师费自负制度。

临时禁令是美国原告申请并由法院作出，为防止被告隐匿身份和财产信息从而逃避法律责任而对其采取的一种临时性的限制措施，其目的在于确保以后的判决能够得到执行或确保原告的利益不受到损害，类似于我国民事诉

① Croy v. Skinner，410 F. supp. 117，Note 2（N. D. Ga. 1976）；Foshee v. Daoust Const. Co.，185 F2d 23，25（1950）.

讼法中的诉讼保全措施。不仅如此，临时禁令的申请往往是基于紧急情况，因此美国法院往往会仅在要求原告提出一定金额的担保（相对较低）的情况下，视原告所有单方陈述为真，从而作出禁令。原告之所以敢于如此滥用程序，还有一个原因在于，美国法下没有一般性的败诉方负担胜诉方律师费规则，因此原告即便错误起诉和错误申请临时禁令，原则上来说也不用承担被告的律师费。需要特别说明的是，美国法的这种安排并不是专门针对中国当事人，只是在此类诉讼中，客观上的确对中国当事人不利。

为了应对这种不利局面，被告可以及时出庭，向法院主张不存在隐匿信息和逃避责任的行为，据此要求法院解冻。美国法院之所以会程式性地批准原告的临时禁令（以及初步禁令），其理由有二：第一，被告可以出庭反对，如果被告不出庭反对，那么法院只有选择全面接受原告的陈述；第二，由于公众一般只能接触网店基本信息，无法了解到经营网店的企业或个人的信息，加之确实有少部分电子商务企业层层设立公司和网店，利用复杂结构规避责任，因此，法官相信美国原告的事实陈述也情有可原。同样，被告可以反其道而行之：第一，被告可以在临时禁令转化为初步禁令时及时出席听证，或者如果错过听证日期则及时出庭申请法庭解除冻结；第二，被告可以（也应当）提交自己的身份信息、地址信息和经营情况，说明没有隐匿和逃避行为，要求法院解除冻结。当然，由于绝大多数中国跨境电子商务企业在美国没有资产，法院会存在中国被告应诉之后逃避责任的担忧，此时，中国被告可以申请像原告一样提供担保，法院一般会接受。而且中国被告还可以通过就担保金额问题与法院交流，从而获得下一部分的一项法律武器。

7. 提出判决要约向原告施加压力

前一部分提到美国法下实施律师费自负制度，即原则上来说，一起民事诉讼案件的当事人无论胜负，均自行承担律师费，劳动案件或者当事人另有约定等特殊情形除外。美国法的这种制度安排的原因在于：诉讼在美国是常见的事情，因此，诉讼中的律师费用视为个人生存在美国社会和个人在美国社会经营的基本成本，因此如无特殊原因，均由当事人自行负担。

正是由于律师费自负制度，导致此类诉讼中美国原告及美国律师疯狂起诉中国跨境电子商务企业，反正即便败诉也没有实质性损失。而有很多中国跨境电子商务企业即便未实施侵权行为，也根本不会应诉，原因在于高昂的应诉成本——其中最大的部分便是律师费。

但是律师费自负制度并非绝对的，在美国联邦民事诉讼规则下，有一项制度可以导致由败诉方承担胜诉方的律师费。美国联邦民事诉讼规则第 68 条规定了判决要约制度：在民事案件起诉后，至少在确定的庭审日期 14 天之前，任何一方有权向对方发出判决要约，即内容是判决，但是形式上是要约。[①] 如果对方接受要约，则法院按照要约作出裁判；如果对方不接受要约，案件继续审理，但如果最终判决结果比要约并没有对受约方更有利，则受约方需支付要约方自要约送达之日到判决之日止的全部律师费和其他合理费用。[②]例如，如果原告起诉被告要求索赔 50 万美元，被告经研判认为自己确有过错但应该仅赔偿 6 万美元，则被告可以向原告送达判决要约，规定法院可以判决被告向原告赔偿 6 万美元。如果原告不接受，且最终判决结果低于或者等于 6 万美元，则原告需支付被告自要约送达之日到判决之日止的全部律师费和其他合理费用。

当然，这件法律武器的使用有条件限制：第一，被告必须把握好自身过错程度和法院（或者陪审团）对被告自身过错的认知，在判决要约中提出的赔偿金额要合理（适当高于自己过错程度的赔偿金额）。第二，判决要约制度本身是属于实体性的还是程序性的，目前在美国法没有明确定性，因此，如果被告在案件中还主张法院无管辖权抗辩，则抗辩动议审结之前，判决要约制度要慎用，否则可能导致法院获得应诉管辖权。第三，在此类诉讼中，前面提到的申请法院解除冻结，法院要求提供担保，法院确定的担保金额很有可能就是法官内心对赔偿金额的一个初步判断，因此，参考该金额设置判决

① Fed. R. Civ. P 68（2022）.

② Fed. R. Civ. P 68（d）（2022）.

要约赔偿金额是一个行之有效的方法。正因为如此，判决要约必须放在解除冻结动议审结之后。第四，对于确实实施了侵权行为且过错程度很大的被告来说，判决要约可能没有太大用处，因为赔偿金额也许本身就会很高，如中国商家在美国亚马逊上销售大量的冒牌 UGG 女鞋的。①

以上是以本案第 91 号被告的情况为例，整体分析中国跨境电子商务企业应诉维权的主要法律思路，既包括实体性法律抗辩，也包括程序性的应对策略。对以上主要法律思路的把握，要注意三点：第一，美国是一个程序法高度发达的国家，讲求程序优先。之所以给中国企业造成重大不利，很多是因为美国独特的程序规则造成的，但是程序也可以是中国企业维护自身权益的重要工具，本案中，第 91 号被告的律师就通过各种程序法律武器，迫使美国原告作出极大让步，将和解金额从六位数美元压到四位数美元。②第二，如果单纯采用实体抗辩或者优先采用实体抗辩，忽视程序抗辩，则可能导致诉讼时日迁延，当事人的金钱和时间成本极大增加，因此，即便提出实体抗辩，也要与程序抗辩一起使用，形成组合拳。第三，即便是中国企业存在侵权行为，仍然需要聘请律师积极应诉维权，因为即便侵权也不一定需要赔偿原告所主张的金额，以及通过律师应诉沟通能够尽快推动诉讼进程或者和解进度，比单方面任由美国律师宰割要好。当然，如果侵权情形较严重，而碰巧被冻结的资金很少，网店也经营不久，谈不上声誉积累等情况，直接弃店不应诉也不失为理智的选择。

---

① 美国伊利诺伊州北区联邦地区法院，案号 21 – CV – 6730，起诉状。

② 之所以在实体认定大致不侵权的情况下仍然支付和解费用，其原因是诉讼程序再继续下去，新增加的律师费会高于第 91 号被告支付的和解费用，因此，基于律师职业道德，被告律师将该情况告知当事人，当事人选择了和解。

第二章　美国法院无地域管辖权抗辩

与我国法院民事管辖权规则不一样，美国法院的管辖权规则分为三个层面：事项管辖权规则、地域管辖权规则、审判地规则。

事项管辖权规则的内容为美国政府和美国法院的分工、美国联邦法院和州法院的分工、美国联邦法院和各州法院内部一般法院和特殊法院——如破产法院、国际贸易法庭等的分工。地域管辖权规则为美国各州的法院（各州的法院不等于各州州法院，相反，各州的法院包含该州州法院以及座落于该州的联邦地区法院）之间的分工——它是一个极具宪法意味的法律问题：各州法院对外州居民行使管辖权的权力边界在哪里？之所以考虑对外州居民，是因为一州的法院显然对本州居民享有一般的宽泛的管辖权，类似于我国的原告就被告原则。审判地规则负责解决具体哪一个法院对被告享有管辖权。地域管辖权判断的是一个州的所有法院作为一个整体，是否能够对特定被告享有管辖权的问题。如果对于是否存在地域管辖权问题的答案是“是”，也并不能确定这个州的所有法院中，哪一个法院具体负责行使管辖权。审判地规则下，负责具体审理的法院一般是综合案件事实发生地、当事人住所地、送达发生地等来判断。

第一节　美国法院事项管辖权规则与审判地规则

一、事项管辖权规则

事项管辖权规则的内容为美国政府和美国法院的分工、美国联邦法院和州法院的分工、美国联邦法院和各州法院内部一般法院和特殊法院的分工。特殊法院如破产法院、国际贸易法庭等只享有特殊事务管辖权的法院。事项管辖权的第一部分为美国政府与美国法院的分工，与我国的民事审判权作用范围类似；第二部分为美国联邦法院与州法院的分工，由于我国只有一套法院系统（港澳台地区除外），因此这部分我国没有对应情形[①]；第三部分同一法院系统下的一般法院与特殊法院的分工[②]，类似于我国法院内部普通法院与军事法院、铁路法院的分工规则。事项管辖权抗辩当事人无权放弃，无事项管辖权法院作出的判决自始无效，无事项管辖权的抗辩可以随时提出，包括诉讼开始和诉讼终结以前（甚至包括诉讼终结后）[③]。法院可以自行审查自身是否具有事项管辖权，如果法院认定自身无事项管辖权，可以直接驳回起诉。[④]当然，大多数无事项管辖权的抗辩是由被告提出的，法院虽有权主动审查事项管辖权问题，但是现实中主动审查的不常见。现实中很少会有美国原告律师操作失误，起诉到没有事项管辖权的法院的情况，因此有关事项管辖

---

① 28 USC 1331，1332（2022）.

② 28 USC 1334（2022），第1334条规定破产案件由美国联邦地区破产法院管辖，州法院及联邦地区法院不得管辖。

③ See Fed. R. Civ. Pro. 12（b）1；See also Morrison v. Nat'l Australia Bank Ltd.，547 F. 3d 167（2d Cir. 2008），aff'd 130 S. Ct. 2869（2010）（quoting Arar v. Ashcroft，532 F. 3d 157，168（2d Cir. 2008））（"Determining the existence of subject matter jurisdiction is a threshold inquiry and a claim is properly dismissed for lack of subject matter jurisdiction under Rule 12（b）（1）when the district court lacks the statutory or constitutional power to adjudicate it."）.

④ Marley v. United States，567 F. 3d 1030，1034（9th Cir. 2008）（"As a threshold matter，we must decide whether we have jurisdiction..."）.

权的问题不再赘述。

二、审判地规则

美国法院审判地规则解决当法院存在事项管辖权和地域管辖权时，具体由一州的哪一个法院负责行使管辖权的问题。所以，审判地规则是在确定一州法院系统作为一个整体对外州被告行使管辖权的正当性（即存在地域管辖权）之后，在同一州的法院系统内部进行分工的具体规则。①

按照审判地规则，在确定伊利诺伊州的法院可以管辖例如中国被告后（即考量了地域管辖权问题之后），具体由哪一个伊利诺伊州的法院负责审理的问题。伊利诺伊州有 3 个联邦地区法院和 23 个州巡回法院负责审理初审案件。②

由联邦法院还是州法院审理案件，是根据事项管辖权规则确定的。原则上来说实体问题是联邦宪法和联邦法的案件由联邦法院审理，实体问题是州法问题的由州法院审理。但存在例外：实体问题是州法问题但原被告分别系不同州的（或者不同国家）居民时，联邦法院亦享有管辖权。本书的任务是讨论中国跨境电子商务企业在美国法院应诉维权的问题，因此，此类诉讼在州法院和联邦法院都可能被提起。

在确定由联邦法院或者州法院初审管辖之后，确定具体由哪一个法院审理，则适用审判地规则。美国伊利诺伊州有 3 个联邦地区法院，分别是美国联邦伊利诺伊州北区联邦地区法院、美国联邦伊利诺伊州中区联邦地区法院、

---

① 在事项管辖权、地域管辖权、审判地三个规则中，审判地规则最类似于我国的民事诉讼一审管辖权规则，因为其也是在同一法院体系内部进行分工的规则。这是因为我国法院（仅指我国大陆地区）是一个整体，自然无需思考法院行使管辖权的正当性问题，这样的现实导致我国一审管辖权分配时针对的对象是“案件”，而非“当事人”。这样管辖权分配方式在解决纯国内的纠纷时没有任何问题，但是在解决跨国纠纷时（尤其是被告或者类似于被告地位的当事人系外国居民时），规则往往缺乏正当性考量。

② 美国伊利诺伊州第 19 巡回法院官网介绍，https：//www. 19thcircuitcourt. state. il. us/1273/Structure – of – the – Illinois – Court – System，2022 年 2 月 12 日最后访问。

美国联邦伊利诺伊州南区联邦地区法院。[①]伊利诺伊州法院系统则有23个巡回法院，分别是第一到第二十三巡回法院。联邦地区法院和伊利诺伊州巡回法院以州为版图，各自有管辖区域，审判地规则的大致思路是按照案件事实的发生地确定具体管辖法院。但是与地域管辖权考量都是基于州法不同，审判地规则存在联邦法和州法两套不同的规则体系，两者在细节上存在较大差异。审判地规则与本书针对的案件关系不大，因此不再赘述。

第二节　美国法院的地域管辖权规则

一、地域管辖权的概念

地域管辖权是指美国各州法院（包括一州的州法院和位于该州的联邦法院）对于民事案件的原被告行使管辖的权力。[②]王学棉老师认为“personal jurisdiction”不应该翻译成属人管辖权或者对人管辖权，而应翻译为“州域管辖权”，其理由是属人管辖权有明显的国际法上的专门含义，将美国法的“personal jurisdiction”翻译成属人管辖权会引起歧义，而对人管辖权在美国法下对应的是“in personam jurisdiction”，其是与对物管辖权、准对物管辖权并列的概念，都是“personal jurisdiction”的下位概念。[③] 本章认同王学棉老师的见解，但考虑到“州域管辖权”的表达并未得到国内学界较广泛使用，因此本章使用已经有一定接受度的“地域管辖权”概念。地域管辖权之所以并非属人，其原因是其在确定管辖权的正当性时，其基础仍然是各州的地域，而非居民身份（身份仍然是根据地域确定）。

---

① https：//law. justia. com/cases/federal/district – courts/illinois/，2022年2月12日最后访问。

② 王学棉：《美国民事诉讼管辖权探究——兼论对Personal Jurisdiction的翻译》，《比较法研究》2012年第5期。

③ 王学棉：《美国民事诉讼管辖权探究——兼论对Personal Jurisdiction的翻译》，《比较法研究》2012年第5期。

不同于事项管辖权规则由联邦法规定（州法院内部事项管辖权规则由州法在不违背联邦法情况下规定），地域管辖权由各州州法规定。在美国民事司法体制下，在考量地域管辖权问题时位于某一州的联邦法院视为该州法院。①地域管辖权抗辩可以放弃②，而原告主动起诉意味着放弃地域管辖权抗辩，因此地域管辖权问题一般仅对被告而言。

二、地域管辖权的成文法规则——以伊利诺伊州和纽约州为例

1. 伊利诺伊州和纽约州的成文法条文

伊利诺伊州的地域管辖权规则规定在伊利诺伊州法典第735章民事诉讼规则第5/2－209条（以下简称“第209条”），引证号为735 ILCS §5/2－209.。第209条分为a到g共七款，其中a款列举伊利诺伊州的法院可以行使特殊管辖权的情形，b款规定法院行使一般管辖权的前提，c款规定伊利诺伊州的法院行使管辖权不得超过联邦宪法和州宪法的界限，d款和e款分别规定对外州被告和外国被告的送达，f款和g款则是管辖权行使的限制与说明。③

第209条a款则列举了法院可以行使特殊管辖权的情形，其规定如下：

“无论是不是本州公民或居民的任何人，本人实施或者通过代理人实施任何下面列举之行为，则对应基于行为引发的任何诉因，该人及其代理人得接受法院之管辖：

（1）在本州境内开展经营活动；

（2）在本州境内实施侵权行为；

（3）在本州境内所有、使用或占有任何不动产；

（4）对任何在合同签订时位于本州境内的人身、财产或者风险签订保险

① 王学棉：《美国民事诉讼管辖权探究——兼论对Personal Jurisdiction的翻译》，《比较法研究》2012年第5期。

② See Fed. R. Civ. Pro. 12（b）2（2022）.

③ 735 ILCS §5/2－209（2022）.

合同提供保险的；

（5）对于离婚、宣告婚姻无效或者法定分居案件，在案件事由发生时或者采取任何行为导致案件事由发生时，当事人将本州作为其婚姻居所的；

（第6项省略）

（7）提出或者履行允诺或者合同实质性的与本州有关的；

（8）在本州境内进行性行为导致嗣后作为本州居民的小孩在该性行为中被怀上的；

（9）未向居住在本州的儿童、配偶或者前配偶支付抚养费的；

（10）取得财产资产的所有权、占有权或者控制权，其取得权利时财产在本州境内的；

（11）在本州境内违背信任义务①的；

（12）作为依照本州法成立的公司或者主要营业地位于本州的公司的董事或者官员履行职责的个人；

（13）拥有在本州境内运作的信托的；

（14）行使本州授予的信任义务之权力的。

第209条b款规定了法院行使一般管辖权的前提，其规定如下：

无论引发诉讼的案件事实是否发生在本州，法院可以针对以下人员享有管辖权：

（1）一个亲临本州且在本州境内被送达的自然人；

（2）在引发案件的事实发生时或者被送达时，是本州居民或者居住于本州的自然人；

（3）依照本州法成立的公司；

（4）在本州境内开展经营的自然人或者公司。

（b-5项省略）”

第209条c款规定法院行使管辖权不得超越美国联邦宪法和伊利诺伊州

① 信任义务（fiduciary duty）在美国法下是基于特殊合同关系或者特殊人身关系的义务类型，如律师对客户、医生对患者等，其义务的要求比一般合同义务要严格。

宪法的限制。第 209 条 c 款的规定遵循了联邦最高法院在国际鞋业公司案中确立的管辖权限制条件——最低限度的联系规定。

与伊利诺伊州情况不同，纽约州只有专门的特殊管辖权成文法规则，一般管辖权规则则需援引判例法。纽约州一般管辖权规则见于 Bagdon 案等判例，其大致规则为纽约州法院有权对本州居民、本州公司、在本州登记注册并指派诉讼代理人以及在亲临本州并在本州被送达的人行使一般管辖权。[①]纽约州特殊管辖权规则规定在其民事诉讼程序法第 302 条（以下简称“第 302 条”），该条 a 款规定行使特殊管辖权的四种情况，b 款规定婚姻家庭案件的特殊管辖权，c 款规定出庭应诉不确立管辖权，d 款规定基于外州胜诉的诽谤判决在本州提起诉讼。

第 302 条 a 款列举了纽约州法院行使特殊管辖权的四种情形，其规定如下：

“针对一项由于以下列举的行为而提出的诉讼，法院得对外州居民及其代理人、管理人行使管辖权，行为可以是其本人或者其代理人作出的：

（1）在本州境内开展任何业务活动或者在任何地方（包括州外）签订合同提供货物或者服务到本州；

（2）在本州境内实施侵权行为，但诽谤侵权除外（因为另有规定）；

（3）在本州境外实施侵权行为导致州内的人身伤害或者财产损失，但诽谤侵权除外，如果：

（i）日常经营或者招揽业务，或者采取常规性的、长期性的行动，或者其通过提供向州内货物或者服务获取相当比例的营业收入；

（ii）期待或者能够合理期待其行为能够在州内造成后果且从跨州或者跨国商业活动获得相当比例的营业收入；

（4）在本州境内拥有、使用或者占有任何不动产。”

第 302 条 c 款规定出庭应诉不确立管辖权，即如果外州被告出庭仅提出

① Bagdon v Philadelphia & Reading Coal & Iron Co.，217 NY 432（1916）.

管辖权异议（包括其他程序性抗辩），则不因为被告出庭行为本身确立管辖权。该规则并未点明，但是现实中的另外的规则是：如果本来纽约州的法院本来对被告没有地域管辖权，但是被告出庭应诉同时提出了实质性抗辩，在提出抗辩的顺序和时间节点没把握好的情况下，会丧失提出管辖权异议的权利。

不同于伊利诺伊州的管辖权成文法规则，纽约州的特殊管辖权规则并未规定法院行使管辖权不得超越美国联邦宪法和纽约州宪法的限制。纽约州仍须遵循联邦最高法院在国际鞋业公司案中确立的管辖权限制条件——最低限度的联系规定。

2. 一般管辖权和特殊管辖权的比较——以伊利诺伊州州法为例

第209条前三款内容构成了美国伊利诺伊州的法院行使地域管辖权的成文法规则体系。之所以说第a款规定的是特殊管辖权，其重要原因是在符合第a款规定的情况下，法院对外州居民被告行使管辖权仅只基于第a款列举的行为本身引发的诉因。第a款条文规定“……则对应基于行为引发的任何诉因，该人及其代理人得接受法院之管辖”。换而言之，如果法院仅依第a款列举的14种情形而对外州被告行使管辖权时，管辖的案件内容仅为该情形本身所引发。这一点与第b款的一般管辖权形成明显的对比。

第209条第b款规定的内容为一般管辖权，一般管辖权的行使仅有四种情况（第五种情况系基于在外州胜诉的诽谤判决在本州提起诉讼，类似于执行，因此本章不讨论该情形），分别是：第2项本州自然人居民，第3项本州公司，第4项虽然非本州自然人居民或者本州公司但在本州开展经营活动，以及第1项外州人亲临本州且在本州境内被送达。这四项的实质都是被告系本州居民（包括公司）或者被告与本州存在实质性的联系因此获得类似于本州居民之地位。以第4项为例，这里的“在本州开展经营活动”必须是实质性的、常规性的、系统性的，以至于虽然其并非本州公司，但是从法律上来说该公司的经营行为使得其已经处于“在家”的状态。值得注意两点：这里的经营活动一般不包括卖家位于外州的普通的销售行为——换言之，即便一外州公司经常销售产品给本州居民，无论是批发还是零售，也不能构成经营活动；第二，即便外州公司的行为是实质性的、常规性的、系统性的，还必须另外达到“在家”的程度，法院才能对其行使一般管辖权。

特殊管辖权和一般管辖权的核心区别在于：特殊管辖权仅因基于触发特殊管辖权的案件事实本身，而一般管辖权的正当性基础在于被告的本州居民地位，即便判断其居民地位之事实与审理案件之事实无关，法院亦得行使管辖权。[①] 举例说明，如果一伊利诺伊州居民，仅因为偶然的旅游行为，在加利福尼亚州交通肇事撞伤一纽约州居民，虽然该交通肇事发生在加利福尼亚州，伊利诺伊州法院仍得对被告本州居民行使管辖权，其依据是第 209 条第 b 款第 2 项为基础的一般管辖权[②]；但是伊利诺伊州法院不得依据第 209 条第 a 款第 2 项行使特殊管辖权，因为第 209 条第 a 款第 2 项规定的是“在本州境内实施侵权行为”。假定加利福尼亚州地域管辖权规则与伊利诺伊州类似，则加利福尼亚州法院得依据特殊管辖权对该被告进行管辖[③]——但是由于这是特殊管辖权，仅审理交通肇事之案件。如无特殊情形，纽约州法院对该伊利诺伊州被告无管辖权，除非该被告后来亲临纽约州且在纽约州境内被送达。

值得特别注意的是，第 a 款条文本身规定其针对的对象是“无论是不是本州公民或居民的任何人”，但是本章仍然强调这里的管辖权分析仅针对外州居民，其原因在于，如果谈论本州居民，直接援引第 b 款下的一般管辖权会更合适，没有必要行使特殊管辖权。

总结起来，对于法院来说，只要能够行使特殊管辖权和一般管辖权之一，都能够符合地域管辖权规则。行使特殊管辖权，只能审理触发特殊管辖权的案件事实；行使一般管辖权则可以审理一切与被告有关的事实；在特定案件中，特殊管辖权和一般管辖权可能同时存在，此时主张一般管辖权对原告或者法院而言，论证的难度更低。

---

① See Goodyear Dunlop Tires Operations, S. A. v. Brown, 564 U. S. 915, 919 (2011).

② 类似于我国原告就被告原则，虽然侵权行为地不在被告住所地。

③ 类似于我国的侵权案件特殊管辖规则，即便被告住所不在侵权地。

3. 伊利诺伊州和纽约州特殊管辖权规则的比较

从表面上来看，伊利诺伊州特殊管辖权行使的情形有 14 种，而纽约州的特殊管辖权规则仅有 4 种，但不能得出伊利诺伊州的特殊管辖权比纽约州的特殊管辖权宽泛的结论。分析规则，可以发现纽约州的特殊管辖权情形表述比伊利诺伊州更抽象，根据逻辑规则：内涵越少，外延越大。因此客观上纽约州的特殊管辖权比伊利诺伊州更宽泛，同样情形下外州被告更可能被纽约州的法院管辖。

首先，纽约州法第 302 条第 a 款第 1 项规定的范围比伊利诺伊州更大，在该项规定下，在纽约州内的经营活动以及“在任何地方（包括州外）签订合同提供货物或者服务到本州”得被纽约州法院管辖。对比而言，伊利诺伊州第 209 条中仅规定州内经营活动之情形。如一中国公司分别与位于纽约州和伊利诺伊州的公司签订合同，由中国公司供应 100 件产品到两州，则按照各自的州法，纽约州的法院得对中国公司行使特殊管辖权，而伊利诺伊州的法院则不得对中国公司行使特殊管辖权。

其次，纽约州法第 302 条第 a 款第 3 项比较宽泛。该项规定即便是在外州实施的行为在本州造成人身伤害和财产损失，在符合第 12 页第 2 项之规定情况下，纽约州的法院亦得对外州被告行使管辖权。这项规定明显比伊利诺伊州第 209 条的范围更宽泛。

再次，纽约州法第 302 条第 a 款第 1 项的“在本州境内开展任何业务活动”的表述，能够涵盖伊利诺伊州法第 209 条第 a 款中的第 4 项、第 7 项，以及第 10 ~ 14 项。因此，纽约州法院更容易对外州被告行使特殊管辖权。

需要特别注意，纽约州法院行使管辖权除了必须按照第 302 条规定之外，还应遵从美国联邦宪法和纽约州宪法的限制。此外，此处管辖权系特殊管辖权，如果纽约州的原告起诉中国公司合同违约，纽约州法院有权管辖，但是如果纽约州的原告起诉中国公司商标侵权（出售假冒商标产品），则不能按照第 1 项行使管辖权（可能按照第 3 项行使管辖权）。

4. 美国地域管辖权规则的特殊情形——外州居民在本州范围内被合法送达

美国法地域管辖权规则下行使管辖的情形有一项非常特殊：案件的至少部分事实发生在本州，且外州居民亲临本州并在本州范围内被送达。如伊利诺伊州法第209条第b款第1项规定的一般管辖权情形“一个亲临本州且在本州境内被送达的自然人”。纽约州没有类似的成文法规定，但是纽约州判例法下也允许基于外州居民在本州范围内被合法送达行使一般管辖权。美国其他州的法律规则也和伊利诺伊州、纽约州相似。有一点值得注意的是，伊利诺伊州成文法明文规定这种情况只能是自然人，但是其他州法可能允许外州公司在本州范围内被合法送达给公司代表、代理人、高级管理人员而行使一般管辖权。

美国法管辖权规则在法理上与我国法院的管辖还是有很多共通的地方，如原告就被告的一般管辖，合同履行地、侵权行为地特别管辖等。因为境内送达获得管辖权，应该是美国法最为独特的规则。该规则的法理在于：即便系外州居民，但是亲临本州且被送达，其在本州内受本州法律保护，自然要承担对应的义务——按照美国人的法律观念，此情形下该人的法律地位与本州居民相同或者高度类似，且美国人认为这对外州居民被告没有什么不公平——你可以选择永远不去你可能被起诉的州。

该条规则客观上不会导致出现非常不公平的情形，因为实现该条并非易事。首先，如果原告必须依赖本项情形，则必须要等到外州居民被告亲临本州。其次，外州居民亲临本州也许时间非常短，原告不见得能在有限时间安排送达；原告可以早做准备，先提前起诉获得法院签章的起诉状和传票副本，随时等候外州居民被告入境本州，但是按照美国法的规定，起诉后到送达之间有时间限制——超出时间限制，案件会被驳回，如联邦民事诉讼规则要求起诉后的90天之内送达①；一般第一次驳回不会产生既判力②，但是第二次驳

① Fed. R. Civ. P 4（m）（2022）.

② Fed. R. Civ. P 4（m）（2022）.

回原则上会产生既判力导致原告实体和程序双失权。最后，某些特定情形下的亲临本州并被送达不能产生确立管辖权的效果，如外州居民被告因转飞机的原因短暂在本州停留，此情形下送达，只有在另有管辖权的情形下，送达方能确立管辖权；如无其他管辖权基础，则无管辖权亦不构成有效送达。①

正是因为存在本条规定，所以在美国司法实践中出现过多次原告通过各种方式诱骗被告赴原告所在的州然后进行送达的例子。不过这种情形存在非常大的争议，因此不是万不得已，原告一般不会采取这种方式。应对本条送达规则的策略非常简单，凡是怀疑在美国任何州可能被人起诉的，不去到该州领域即可。在麦金太尔案中，金斯伯格大法官曾经提出对外国居民被告而且面向美国各州销售的，判断管辖权时应当不以各州为参考，而是以美国为参考，但麦金太尔案的主流并不同意该观点。② 如果可能被人在纽约州起诉，从理论上来说，赴美国其他州并不存在风险。

三、地域管辖权规则的判例法阐释——从国际鞋业公司案到戴姆勒案

1. 戴姆勒案前美国联邦最高法院的阐释

1945 年的国际鞋业公司案是美国民事管辖权分析的基石。在该案中美国联邦最高法院放弃了“在家”规则，而确立了“最低限度的联系”规则来判断州域管辖权的行使是否合宪。

国际鞋业公司在特拉华州注册但主要营业地在密苏里州，在华盛顿州没有办公场地。1937 年到 1940 年，该公司雇用了十几个华盛顿州居民担任销售宣传员，在州内从事销售宣传活动。这些销售宣传员只对潜在客户进行宣传，确认订货意向之后交由公司处理，但宣传员并不经手合同签订、货物递送和

① Aluminal Industries, Inc. v. Newtown Commercial Associates, 89 F. R. D. 326 (occurred during the defendant's brief stopover at an airport in the jurisdiction). 本规则存在分歧，也有临时转乘飞机被送达且法院认为有管辖权的。

② McIntyre v. NiCastro, 131 Sct. 2780 (2011).

收款等事务。在这几年间，公司付给销售员的佣金总数每年都超过 31000 美元。华盛顿州政府起诉国际鞋业公司要求征收失业救济金，公司认为华盛顿州法院对其不具有管辖权。国际鞋业公司认为其在华盛顿州的行为不构成“在家”，因此对其行使管辖权违背了宪法正当程序的要求。联邦最高法院指出如果被告与案件和法院存在最低限度的联系，且对其行使管辖权不违背传统的公平和实质正义理念，则不违背宪法正当程序的要求。最终法院指出国际鞋业公司在华盛顿州的行为构成“连续的和系统的”联系，而且其被诉是基于其州内行为，因而满足最低限度的联系规则。

最低限度的联系规则是正当程序的要求，一州法院对被告行使管辖权，则该被告必须与该案件以及该州具有最低限度的联系，以至于对该被告进行管辖不违背传统的公平和实质正义。因此，最低限度的联系规则分为两个要素：第一是被告、案件事实与该州之间存在一定联系，第二是该联系的存在使得对被告行使管辖权是公平正义的。前者被称为“权力要素”，后者被称为“合理要素”。国际鞋业公司案和 Hanson 案明确了权力要件中必须包含意欲受益——“被告通过活动有意识地获得本州权益——受益或者受本州法律的保护”。[①] 意欲受益是一种正当性考量，其逻辑是：如果外州居民的权益能通过本州法院来保护，那么其自然有义务接受本州法院的管辖。但是具体如何判决意欲受益，法院并没有明确界定。美国联邦最高法院在后续的一系列案件中明确了最低限度的联系的具体因素和标准，构建起了比较体系化的分析框架和分析方法。最低限度的联系规则为美国民事管辖权的扩张提供了理论依据，一定程度上成为国际民事管辖权纠纷解决的重要参考标准之一。

在 1980 年的大众公司案中，美国联邦最高法院指出了跨境销售行为导致商品进入本州不足以构成最低限度的联系，原因是宪法的权力要件要求的是期待性而非可预见性。该案原告从纽约州的汽车销售商处购买了一辆奥迪汽车，其在搬家去亚利桑那州时开车路过俄克拉荷马州，结果发生了车祸。[②] 原

① Hanson v. Denckla，357 U. S. 235，253 (1958) .

② See World - wide Volkswagen Corp. v. Woodson，444 U. S. 286 (1980) .

告起诉汽车经销商、经销商的供应商环球大众公司和生产商德国奥迪公司。环球大众公司是一家位于纽约州的车辆进口批发公司，其在俄克拉荷马州未开展任何业务。环球大众公司主张其与俄克拉荷马州没有联系，因此法院对其行使管辖权违反正当程序。原告则主张环球大众公司将车辆供应给经销商销售，能够认识到车辆会开到俄克拉荷马州，并且其从销售行为中获得了收益，因此与俄克拉荷马州有最低限度的联系。怀特大法官代表多数意见撰写了该案判决，他认为预见性并非意欲受益的终极标准。在怀特大法官看来，预见性并非简单的可能性，而是出于“被告的行为与本州之间的关系，被告可以合理地预见到在本州被起诉”。[①]“如果被告将其商品置于商业流中，而且期望这些商品将被本州居民所购买，那么州法院对其行使管辖权是正当的。”[②] 消费者可能将商品带到全世界任何地方，虽然存在这种可能，但是不足以支持任何地方的法院对其行使管辖权。

在阿萨西案中，奥康纳大法官认为要构成意欲受益，仅有被告商业流行为还不够，被告还必须有一定的其他行为表明其试图从本州获得利益。在该案中，阿萨西公司在加州未开展经营，在加州没有代表机构、办公室和工作人员，也没有在加州进行广告宣传。虽然阿萨西公司能够认识到其产品最终可能销售到加州，但是其除了将产品置于商业流中，并未有任何试图从加州获得利益的举动，因此其行为不构成意欲受益。鲍威尔首席大法官和斯卡利亚大法官赞同奥康纳的上述判断。斯蒂文大法官则认为即使奥康纳对意欲受益规则的阐述正确，其适用在该案事实的时候不正确。他们认为判决商业流行为中是否构成意欲受益要考虑具体情形，比如商品的数量、价值以及其缺陷的危害程度等。在该案中，长达 7 年时间而且销售量超过 10 万个的常规性销售，构成意欲受益，即使其并未特意针对加州市场。怀特大法官和布莱克南大法官支持斯蒂文的看法。阿萨西案产生了严重的分歧。有的法院适用比

① Worldwide Volkswagen Corp. v. Woodson，444 U. S. 286，297（1980）.

② Worldwide Volkswagen Corp. v. Woodson，444 U. S. 286，298（1980）.

较宽泛的商业流标准认定法院有管辖权①；也有的法院采用奥康纳的标准要求有额外的行为②；还有的法院则避免站队，而是说无论适用哪种标准都可以满足（或者不满足）意欲受益的要求③。

在麦金太尔案中，麦金太尔公司通过一家美国公司销售了数量可观的金属切割机，并派出业务代表参加在美国数个城市举办的产品展销会。麦金太尔公司曾派出工作人员参加在美国几个州举办的商品展会，但是其在新泽西州没有办公地点、也未在新泽西州进行广告宣传、最终进入新泽西州的产品不超过4件（很有可能只有1件④）。有一台金属切割机被美国公司销售到了新泽西州的一家废品厂，该厂员工在使用切割机时切断了自己的手掌。该案的争议焦点是美国新泽西州法院是否对被告麦金太尔公司享有管辖权。联邦最高法院的大法官们分为三派，多数意见认为新泽西州法院对麦金太尔公司没有管辖权，少数意见基于不同的理由认为有管辖权。

多数派的意见是遵循大众公司案中的奥康纳的标准，但是金斯伯格大法官提交了不同意见。金斯伯格认为麦金太尔公司将美国当作一个目标市场，并未区分或者排除美国特定的州，因此麦金太尔公司显然构成在美国意欲受益。而在美国的各州之中，显然在发生新泽西州事故之后由新泽西州法院审理最为恰当。金斯伯格指出阿萨西案中，阿萨西公司并未针对加利福尼亚州市场，而本案中麦金太尔公司则针对了包含新泽西州在内的整个美国市场。金斯伯格还在意见里面附了12个联邦上诉法院或者州最高法院的案件，在外国生产商针对美国市场且未排除特定州时，认定该州法院（包括联邦法院和州法院）对外国生产商有管辖权。

按照以上从国际鞋业公司案到麦金太尔案所确立的规则，联邦最高法院大致画出了地域管辖权的图谱。确定地域管辖权的根本判断标准在于被告与

① Ruston Gas Turbines, Inc. v. Donaldson Co., Inc, 9 F. 3d 415 (5th Cir. 1993).

② Lesnick v. Hollingsworth, 35 F. 3d 939 (4th Cir. 1994).

③ Kernan v. Forbes Products Corp., 175 F. 3d 236, 244 (2d Cir. 1999); Beverly Hills Fan Co. v. Royal Sovereign Corp., 21 F. 3d 1558, 1566 (Fed. Cir. 1994).

④ 此表述来自判决原文，参见 McIntyrev. *NiCastro*, 131 Sct. 2780 (2011).

本州的联系，分别存在三种情况：如果被告与本州没有联系或者仅有零星的、偶然的联系（虽然有可预见性但无期待性），则一州法院对该被告没有管辖权；如果被告与本州存在联系，联系并非零星的或者偶然的，但是不够常规性和系统性的，则一州法院得因该联系本身行使仅针对该联系事件的管辖权，即特殊管辖权；如果被告与本州存在常规性和系统性的联系，则法院获得一般管辖权，得管辖被告无论是针对联系事件本身还是其他事件。

需要特别强调，从大众公司案开始，联邦最高法院内部就一直存在分歧，以上仅是对多数意见的总结。在麦金太尔案中，金斯伯格大法官的观点对中国被告是非常不利的，但幸好他的观点是少数意见。金斯伯格将基于州的管辖正当性问题分成两步：第一步，对于一个外国被告而言，先关注其与美国是否存在联系；第二步，存在联系的基础上，确定一个（或者多个）适合管辖外国被告的州。传统的美国判例法则是始终基于被告与审案法院所在州的联系来判断。对比而言，金斯伯格的观点扩大了外国被告被美国法院管辖的可能性。①

2. 戴姆勒案后美国联邦最高法院的阐释

戴姆勒案是美国联邦最高法院于 2014 年审理的一起重要案件。戴姆勒案的原告是阿根廷居民，在美国加利福尼亚州的联邦法院起诉被告德国戴姆勒公司、戴姆勒的美国销售公司（两者之间的协议界定为其独立合作公司），起诉事由是德国戴姆勒公司的全资子公司在阿根廷“肮脏战争”中配合阿根廷国家安全机构对原告家属实施非人道折磨行为。原告主张戴姆勒的美国销售公司虽然登记在特拉华州，经营总部在新泽西州，但是与加利福尼亚州有持

① 如本章第二节所述，东理科技公司在全美的销售当然是其营业收入的 100%，但其在伊利诺伊州的销售金额仅为全美的 2%，美国判例法明确说了 2.4% 甚至更大比例的销售本身都不能确立一般管辖权，因此，如果东理科技公司在全美各州的销售较为平均，则会导致美国任何一个州法院都不能对东理科技公司拥有一般管辖权。但是按照金斯伯格的方法，首先东理科技公司的营业收入 100% 来自美国，所以确立美国整个法院系统对其拥有管辖权。在确立美国法院有管辖权的情况下，自然会选择出至少一个州的法院来行使管辖权。因此，金斯伯格的方法对中国被告很不利。

续性和系统性的联系——开设有办公室和生产服务基地、销售产品等。原告主张戴姆勒的美国销售公司是德国戴姆勒公司的代理人，且戴姆勒的美国销售公司还将德国戴姆勒公司的产品销售到全美国，有相当比例销售到加利福尼亚州，因此效果及于德国戴姆勒公司。基于此，加利福尼亚州的法院拥有对德国戴姆勒公司的一般管辖权，因此能管辖其阿根廷全资子公司在阿根廷的违法行为。

加利福尼亚州的州法对管辖权的规定是概括式的：其法院可以行使宪法允许的最大限度的管辖权。① 因此，对于该案的分析不是根据加州成文法，而是直接按照美国联邦宪法及联邦最高法院对宪法的阐释即可。金斯伯格大法官代表法院撰写主流意见（有一名大法官赞同判决结果但是理由不同）认定法院对德国戴姆勒公司不具有一般管辖权，且原告没有主张特殊管辖权。金斯伯格大法官认为基于两点，不能认可德国戴姆勒公司与美国销售公司之间的代理关系：其一，德国戴姆勒公司与戴姆勒的美国销售公司的协议规定销售公司为独立合作方；其二，并不能因为戴姆勒的美国销售公司对于德国戴姆勒公司在美国的销售非常重要，以至于即使不是代理人也承担代理人的职能，就认定代理关系，否则会导致全世界的所有生产商都会成为委托人而承担责任。②由于戴姆勒的美国销售公司并未提出加州的联邦地区法院无管辖权抗辩，因此，地区法院和上诉法院均未审查法院对戴姆勒的美国销售公司是否有管辖权，进而联邦最高法院也直接认可加州地区法院对戴姆勒的美国销售公司有管辖权。但是金斯伯格大法官仍然提到了戴姆勒的美国销售公司与加利福尼亚州联系的一些事实：“戴姆勒的美国销售公司在加利福尼亚州有多个机构，包括一个地区办事处、一个汽车保养中心、一个经典汽车服务中心。根据本案案卷材料，戴姆勒的美国销售公司是加利福尼亚州最大的豪华汽车供应商，加利福尼亚州占据了美国汽车一手车销售市场的 10%，而戴姆勒的

① 王学棉：《美国民事诉讼管辖权探究——兼论对 Personal Jurisdiction 的翻译》，《比较法研究》2012 年第 5 期。

② Daimler AG v. Bauman，571 US 117，135，136（2014）.

美国销售公司销售的总金额占据德国戴姆勒公司全球销售的2.4%。”

总之，戴姆勒案的判决对宪法正当程序及最低限度的联系规则在一般管辖权的适用中进行了澄清（或者改变）。在戴姆勒案之前，美国法院在考量一般管辖权问题的时候关注的是被告与法院所在州的联系是不是“常规性的和系统性的”，而在戴姆勒案中则确定，仅仅判断“常规性的和系统性的”是不够的，法院还应判断被告与本州的联系是不是“常规性和系统性的，以至于达到是被告在本州如同‘在家’一样的程度”，因此，本州法院得行使一般管辖权，管辖哪怕是与被告相关但是不在本州发生的事件。但是戴姆勒案并没有明确说明何种程度构成“在家”，而仅明确两点：第一，似乎暗示10%的全国销量加上在本州设立代表处、办公室、服务中心的行为构成“在家”；第二，如果外州或者外国公司在本州销售仅占2.4%的比例（对戴姆勒的美国销售公司来说，全美销售额的10%，但是对德国戴姆勒公司来说，仅全世界销售金额的2.4%），在没有其他事实的情况下，不足以构成“在家”，因此法院不得行使一般管辖权。

四、美国法院地域管辖权的简化表述

美国的地域管辖权规则异常复杂，为便于读者理解，本部分简单总结州法院可以行使地域管辖权的情形：第一，州法院得管辖本州居民，无论案件事实发生时该居民是否身处本州——前提是原告在本州、外州或者外国进行有效送达，亦无论案件事实是否发生在本州；第二，州法院得管辖外州居民，前提是有部分案件事实发生在本州，且该外州居民在本州范围内被合法送达；第三，州法院得管辖外州居民，前提是有部分案件事实发生在本州，该外州居民与本州就本案事实存在特定联系（最低限度的联系），且该外州居民能够在本州、外州或者外国被合法送达。其中，仅第三种情形属于法院行使“长臂管辖权”的情形。虽然第二种也是管辖外州居民，但是外州居民在本州被送达之事实的宪法意味强到足以将其视为本州居民的程度，因此，第二种情形不属于行使“长臂管辖权”。需要特别注意的是，谈论美国法下的管辖权时，往往是讨论法院行使管辖权的正当性——是一种理论上的可能，美国法院要行使管辖权，除了理论上行使管辖权正当之外，还必须要有合法的送达。[①]理论上的管辖正当性和实际的合法送达缺一不可。

第三节　美国法院无地域管辖权抗辩案例分析

上一节介绍了美国法院管辖权法律规则框架，本节结合水气球商标侵权案分析中国跨境电子商务企业提出无地域管辖权抗辩的问题。本案审理法院为北区联邦地区法院，其直接上级法院为美国联邦第七巡回上诉法院，因此，考虑到法院层级，该法院受美国联邦最高法院、联邦第七巡回上诉法院和其自身的判例的拘束——而其他巡回上诉法院虽然层级高过北区联邦地区法院，但是判例对北区联邦地区法院并无约束力。

一、北区联邦地区法院不能对东理科技公司行使一般管辖权

美国联邦最高法院和第七巡回上诉法院在众多案例中确认，仅就电子商务互联网商家而言，运营互联网网店面向全美销售，仅该行为本身原则上不能确立法院的一般管辖权。在本案中，第 91 号被告东理科技公司仅在美国亚马逊网络平台经营网店，其网店属于面向消费者的“互动链接网站”——即消费者在销售网页浏览产品，向网店商家下单，网店商家接单销售。在运营网站时，东理科技公司的页面面向全美消费者，来自任何一州的消费者均可以打开页面浏览；东理科技公司本身不挑选客户，而是在客户下单的任何州接单售货，因此，东理科技公司并不特意针对来自某一个州的消费者。如果销往哪一个州的量比较大，不是东理科技公司选择的结果，单纯因为该州消费者购买力较其他州更强而已。在本案中，东理科技公司没有专门针对美国

① Fed. R. Civ. P 4（k）（1）（2022），该规则明确规定只有实现送达，才能现实地确立对被告的管辖权。

伊利诺伊州进行销售，其销往伊利诺伊州的总金额约占其全美总销售金额的2%。除此之外，东理科技公司并不存在在伊利诺伊州开设办事处、招募销售代表、进行广告宣传等行为。

按照上节的介绍，美国的州法院如果要对被告享有一般管辖权，只有三种情况，分别是：第一，被告系本州居民，这里判断居民身份的时间节点可以是案件事实发生时或者被起诉时；本州登记注册经营的公司也是本州居民。第二，被告系外州居民但是亲临本州且在本州时被送达——特别注意如果是公司的董事等高管人员亲临伊利诺伊州被送达，不能让伊利诺伊州法院取得管辖权；如果是公司的董事等高管人员亲临纽约州被送达，可以让纽约州法院取得管辖权——这是因为伊利诺伊州和纽约州的成文法规定不一样。第三，外州居民持续性的和系统性的在本州展开经营，以至于到该外州居民身处本州似乎是“在家”的程度。[①]

在本案中，东理科技公司是一家在中国深圳市注册成立的公司，在中国深圳运营，因此不符合行使一般管辖权的第一种情形。东理科技公司的股东以及员工从未赴伊利诺伊州，也没有委托代理人在伊利诺伊州开展业务，不可能在伊利诺伊州境内被送达——本案原告是通过电子邮件送达，因此，不符合行使一般管辖权的第二种情形。

因此，判断北区联邦地区法院是不是可以对被告东理科技公司行使一般管辖权，就要看东理科技公司是否持续性和系统性地面向伊利诺伊州开展业务，以至于造成了东理科技公司在伊利诺伊州如同“在家”一样。在本案中，东理科技公司至少从两个方面而言不符合前述判断标准。第一，不符合开展业务的要求；第二，不符合“在家”的要求。

在本案中，东理科技公司面向伊利诺伊州销售商品差不多四年（从2017年到2021年原告起诉时），而且销售量不低于200单，销售的金额大概占东理科技公司面向全美国市场的2%。基于以上事实，可能符合持续性或者系统

① Daimler AG v. Bauman, 571 U. S. 117, 134 (2014).

性的要求，但是不符合开展业务的要求。东理科技公司仅是入驻美国亚马逊销售平台，面向的是全美国市场，并没有针对伊利诺伊州的市场和消费者。虽然伊利诺伊州的消费者可以在美国亚马逊平台浏览东理科技公司的产品，但是全美国甚至全世界的消费者（如果提供国际发货服务的话）都可以浏览产品页面并下单购买。东理科技公司从未在伊利诺伊州设立办事处或者代表处、聘请销售人员、缴纳税金，也没有在伊利诺伊州开展广告宣传活动。网络销售过程中，网店是设计和维护销售页面，本身不构成要约行为，东理科技公司之所以销售产品给伊利诺伊州居民，是基于客户的下单要约行为。换言之，东理科技公司之所以销售了200多单产品往伊利诺伊州，是消费者决定的，而不是东理科技公司选择的。

即便东理科技公司长期销售产品给伊利诺伊州的居民，可能符合持续性或者系统性的要求，也不符合州内开展业务的要求。这是因为“开展业务”在法律中存在特殊的含义，并非任何的商务活动的开展都构成“开展业务”。很明显，经营网店从事销售，不能仅认定其销往特定的州，就认为是在该州开展业务。按照这个逻辑，则理论上来讲任何美国亚马逊的任何网店都构成在50个州和华盛顿特区开展业务——这个结论明显荒谬，也不符合美国法的一贯实践。美国联邦第七巡回上诉法院已经明确指出，运营网店的销售行为，即便任何一州的居民都可以从网上浏览页面，也不能得出结论任何一个州的法院均获得管辖权，否则违反了联邦最高法院在一系列判例中确定的“传统的公平竞争和实质正义理念”。①

在2014年的戴姆勒案中，美国联邦最高法院指出在法院所在州销售产品占被告公司年全球销售额的2.4%，不足以确立一般管辖权。②北区联邦地区法院在戴姆勒案之后也作出过判定，在伊利诺伊州销售占总销量的10%不足

① Curry v. Revolution Labs., LLC, 949 F. 3d 385, 398 (quoting Lexington Ins. Co. v. Hotai Ins. Co., Ltd., 938 F. 3d 874, 878 (7th Cir. 2019)).

② Daimler AG v. Bauman, 571 U. S. 117, 148 (2014).

以确立伊利诺伊州的法院对外州被告的一般管辖权。[①]在本案中，东理科技公司销往伊利诺伊州的销售金额大概占东理科技公司面向全美国市场的2%，低于前述两个案例中被告的销售比例。而在前述两个案例中，法院最终都认定法院对被告没有一般管辖权，基于举重以明轻的原则，北区联邦地区法院不应认定对东理科技公司有一般管辖权，其理由是不构成“开展业务”。

从另外的角度来看，东理科技公司与伊利诺伊州的联系也不足以构成“是常规性和系统性的，以至于达到是被告在本州如同‘在家’一样的程度”。由于特殊管辖权比一般管辖权更容易确立，因此一般美国原告往往会直接主张特殊管辖权。Mary Twitchell 教授发现美国特殊管辖权规则更为发达，而一般管辖权的规则相对处于不重要的地位。[②] 这也是为什么直到 2011 年的邓禄普轮胎公司案[③]和 2014 年的戴姆勒案，联邦最高法院才再次澄清一般管辖权的适用问题。因此，关于何者构成“在家”，即便是在戴姆勒案后，规则也不甚清晰。邓禄普轮胎公司案和戴姆勒案已经明确的“在家”规则如下：第一，典型的使被告符合“在家”要求的有登记注册地和主要营业地[④]；第二，公司被告符合“在家”要求的地方并非只限于登记注册地和主要营业地[⑤]；第三，即使存在连续性的本州州内活动，不必然导致“在家”[⑥]；第四，往本州销售商品，比例很小如 2.4% 或者 10% 且没有其他本州州内活动的，不能确立一般管辖权[⑦]；第五，戴姆勒案似乎暗示在本州州内设立办公室、工

① Nicholson v. e – TeleQuote Ins. , Inc. , No. 14 C 4269, 2015 WL 5950659, at ＊4 (N. D. Ill. Oct. 13, 2015)

② Twitchell, The Myth of General Jurisdiction, 101 Harv. L. Rev. 610, 628 (1988).

③ Goodyear Dunlop Tires Operations, S. A. v. Brown, 564 U. S. 915 (2011).

④ Goodyear Dunlop Tires Operations, S. A. v. Brown, 564 U. S. 915, 924 (2011).

⑤ Daimler AG v. Bauman, 571 U. S. 117, 137 (2014).

⑥ Daimler AG v. Bauman, 571 U. S. 117, 138 (2014)，援引并解释国际鞋业公司案的判决，指出国际鞋业公司案确立的规则关注的并非连续性的行为，而是联系性的行为是如此的实质，以至于对外州被告行使管辖权不违背公平正义的观念。

⑦ Daimler AG v. Bauman, 571 U. S. 117, 137 (2014); Goodyear Dunlop Tires Operations, S. A. v. Brown, 564 U. S. 915 (2011)；亦参见 Nicholson v. e – TeleQuote Ins. , Inc. , No. 14 C 4269, 2015 WL 5950659, at ＊4 (N. D. Ill. Oct. 13, 2015)。但是目前的规则并不明确，如果持续性的超过 10% 的销售比例，是否构成“在家”；或者又比如，超过 50% 的销售比例，是否构成“在家”。

厂、服务中心、提供服务，以及进行广告宣传等活动，构成其他州内活动[①]。邓禄普轮胎公司案则明确将公司经理派往得克萨斯州洽谈合同、接受来自德州的银行开具的支票、派出员工到得克萨斯州进行培训等行为不能确立一般管辖权[②]。如无其他行为而是仅仅销售产品到本州且销售比例不超过比对市场（如全美）的10%，即便销售行为是连续性的，也不构成“在家”。

综上可知，即便东理科技公司的销售行为是连续的，符合持续性和系统性要求，也不能构成“在家”，因此，北区联邦地区法院作为位于伊利诺伊州的法院，不得对东理科技公司享有一般管辖权。

二、北区联邦地区法院不能对东理科技公司行使特殊管辖权

需要特别说明的是，东理科技公司销售往伊利诺伊州的产品有200多单，毕竟也从伊利诺伊州获得了利益，如果该州法院不能管辖东理科技公司，直觉上可能会感觉不公平。伊利诺伊州的法院并非不能管辖东理科技公司，而是不能对其行使一般管辖权，并不排除在特定条件下可以对其行使特殊管辖权。但是结合本案和被告东理科技公司的情况，北区联邦地区法院也不能对东理科技公司行使特殊管辖权。

如前所述，所谓特殊管辖权是指外州被告基于其与本州发生的特定联系，就联系事实本身引发的诉讼，得受本州法院管辖的情形。特殊管辖权与一般管辖权最大的区别在于，特殊管辖权的行使，其针对的案件只能是确立管辖权的联系事实本身。举例说明，如果纽约州某公司向伊利诺伊州某消费者销售产品一件，且该商品系侵犯专利权的商品，则伊利诺伊州法院得审理该专利侵权案，且得对纽约州被告行使特殊管辖权；如果纽约州某公司向伊利诺伊州某消费者销售合法产品若干件，并向加利福尼亚州销售侵犯专利权的产品一件，则伊利诺伊州法院不得行使特殊管辖权（即便事实上原告的专利权在全美国都是受保护的）。

---

① Daimler AG v. Bauman，571 U. S. 117，142（2014）.

② Daimler AG v. Bauman，571 U. S. 929（2014）.

第七巡回上诉法院的上级法院在系列判例中确立了特殊管辖权的三要素审查法：第一，被告带有目的的将其行为导向本州，或者其有将自身置于本州管辖之下的意图；第二，损害的发生必须由被告与本州有关的行为引发；第三，行使特殊管辖权不违反传统的公平正义的理念。①对于东理科技公司以及其他被告而言，第一点和第三点比较模糊，难以把握②，但是反驳第二点比较容易。

在水气球商标侵权案中，原告在美国伊利诺伊州北区联邦地区法院起诉138个被告侵犯其商标权和著作权，其中包括第91号被告东理科技公司。本案中，原告起诉东理科技公司的表面证据是其附在起诉状的附件1中，原告的代理人截取的东理科技公司在亚马逊网络的销售链接页面。该页面表明，东理科技公司在2018年曾经销售被控侵权产品。原告之所以起诉东理科技公司，是因为东理科技公司的水气球产品使用了“bunch”和“balloon”的字样，并且东理科技公司的产品与原告的产品看起来颇为相似（特别注意原告并未起诉侵犯专利权）。根据东理科技公司的股东和法定代表人黄卫平的声明（类似证言但法律上并非证言），东理科技公司确实销售了5单被控侵权产品，但是这5单产品没有任何一单销售到伊利诺伊州。本案中原告截取的页面有一个伊利诺伊州地址，但是该页面仅能证明曾经有一个伊利诺伊州地址的“消费者”③ 浏览过东理科技公司的网店销售页面，不能证明购买了产品。既然针对所谓侵权产品，东理科技公司从未面向伊利诺伊州进行实际的销售，则基于被控的侵权事实本身，东理科技公司与伊利诺伊州不存在联系。因此，北区联邦地区法院不得基于销售侵权产品的单一事实行使限定在该事实的特殊管辖权，因为这个单一事实根本不存在。

---

① See Felland v. Clifton, 682 F. 3d 665, 673 (7th Cir. 2012); See also Curry v. Revolution Labs., LLC, 949 F. 3d 385, 398 (quoting Lexington Ins. Co. v. Hotai Ins. Co., Ltd., 938 F. 3d 874, 878 (7th Cir. 2019)).

② 第一点也叫“意欲受益”规则，这个规则很模糊，美国联邦最高法院在多个案件中试图澄清该规则，但是反而在大法官之间形成了巨大的分歧，因此该规则很难把握。参见 McIntyre v. NiCastro, 131 Sct. 2780 (2011).

③ 其实是美国律所专门聘请的外包情报和资料收集公司。

东理科技公司确实销售了大量的产品往伊利诺伊州，据黄卫平的声明，伊利诺伊州销售单数不低于200单，销售金额大概占其全美总销售额2%。但是这不构成原告据以主张北区联邦地区法院的特殊管辖权的理由，其原因在于特殊管辖权仅限于基于引发管辖权的联系的事实——本案中销售侵权产品到伊利诺伊州的事实，但是该事实根本没有发生。

从实体上来判断，东理科技公司销售的水气球产品并未侵犯原告的商标权和著作权，其原因是东理科技公司仅仅是在描述商品时使用了一个正常的美国人都会使用的字样："bunch" 和 "balloon"。但是需要特别注意，无论东理科技公司销售的产品是不是侵权产品，都不影响前述特殊管辖权的分析结论。假设东理科技公司直接冒用了原告的商标，比如直接在销售页面上将自己的水气球产品标明为 "Bunch O Balloons"，也不会确立北区联邦地区法院的特殊管辖权。这是因为，管辖权规则并不依赖实体问题的判断，管辖权是实体认定的前提。简单来说，即便北区联邦地区法院认定东理科技公司销售了侵权产品，但是如果法院认定自己无管辖权，唯一的做法是直接驳回原告的起诉。之所以是驳回起诉而不是驳回诉讼请求，其原因是至少第一次因管辖权原因的驳回是不具有既判力的。

综上所述，本案中按照东理科技公司的情形，即便东理科技公司有针对伊利诺伊州的持续性销售行为，亦不构成在伊利诺伊州开展经营达到"在家"程度，因此法院不能对东理科技公司行使一般管辖权。在本案中，即便其网络电商销售页面可供伊利诺伊州消费者浏览，但东理科技公司没有实际销售任何一件被控侵权产品，法院不能对东理科技公司行使特殊管辖权。因此，本案法院对被告东理科技公司不享有管辖权，应该应被告之动议，驳回原告的起诉。

小　结

美国法与中国法在民事诉讼管辖权上的根本区别在于两点：联邦体制下

美国法必须解决联邦宪法框架下的各州的权力分配，这使得美国民事管辖权规则带有非常明显的宪法色彩——但中国法下整个中国大陆地区是一个司法区域，无需考虑法院权力行使的正当性边界；美国法下本州与外州、美国当事人与外国当事人之间关系是适用同样的程序规则，因此使得美国民事诉讼法能够同时解决内国法和国际法语境下的管辖权问题——我国民事诉讼法的管辖权规则并未有意识地考虑跨国诉讼的问题。

美国法下，法院能不能审理一个案件，由事项管辖权规则和实体法规则确定；具体哪一个法院审理案件由审判地规则确定；能不能管辖外州或者外国居民被告由地域管辖权规则确定——即法院除了能够管辖“案件”之外，还必须另有权力管辖“人”。中国法的思维是：法院得管辖“案件”，自然得管辖与案件有关的任何当事人。仅遵循法律规则不考虑政治经济地位，中国法的管辖权范围可能更宽泛，如我国的侵权案件管辖规则按照字面意思理解，只要法院能管辖案件，似乎不论被告系哪国居民我国法院均得管辖——但是这样的宽泛规定不一定有利于保护我国公民的利益，而且对于涉及法院管辖外国居民时，规则也缺乏法理上的解释力。

美国法院并非一味试图扩大自己的管辖权，恰恰相反，包括美国联邦最高法院在内的很多法院都认为美国法院对外国居民的管辖应当是审慎的和受限制的，如 2014 年的戴姆勒案限制一般管辖权，又比如绝大多数的美国法院都认定仅在互联网销售平台提供商品链接供消费者浏览，不能够建立卖家与本州的联系（不足以支持特殊管辖权）。中国跨境电子商务企业在美国遭遇诉讼，法院受理不代表法院有管辖权。结合具体情况，很多案件中的中国企业被告，美国法院是无权管辖的。因此，应当对美国民事诉讼法的管辖权规则和相关判例进行研究，精细化地针对具体情形去进行法律应对，是维护中国跨境电子商务企业权益的途径。

第三章　无效送达抗辩

第一节　美国法关于送达的规则框架

美国法下的送达是民事诉讼的一项核心事务，送达关系到法院能否实际确立管辖权，最终获得对案件进行审理的权限。管辖权的规则是一种可能性和正当性的判断，而法院的管辖权必须经由送达最终转化为现实。[①] 如果法院按照管辖权规则对被告有管辖权，但是没有送达或者送达无效，即使作出符合实体法规定的判决，判决也无效力。送达是一项宪法性的考量，如果没有送达，即使其他任何程序和实体裁判均合法，裁判也违反宪法的正当程序要求。在现代美国民事诉讼法中，无送达或者无效送达是对告知诉讼原则的严重违反。如果送达无效，即使客观上被告对于自己被诉的事实知情，也不能支持法院对被告行使管辖权。[②]

在此类诉讼中，原告权利人往往要求对中国跨境电子商务企业被告通过

① In re Dairy Farmers of Am., Inc. Cheese Antitrust Litig., 767 F. Supp. 2d 880, 881 n. 5 (N. D. Ill. 2011).

② Mid－Continent Wood Prods., Inc. v. Harris, 936 F. 2d 297, 301 (7th Cir. 1991).

电子邮件送达，美国法院也经常允许。但实践中美国法院对于是否可以通过电子邮件送达存在明显争议，因此，挑战美国原告的送达要求法院宣告送达无效，是中国跨境电子商务企业的一项有力诉讼武器。送达存在明显缺陷，在美国民事诉讼法下主要存在两种情况：一是送达行为存在缺陷；二是送达的内容，即诉讼文件存在缺陷。原则上来说，本书所谓送达无效指的是前者。传票和起诉状两个文件构成诉讼文件。

一、美国联邦民事诉讼规则的规定

美国联邦民事诉讼规则第 4 条对送达进行了规定。送达是指送达法院传票，根据联邦民事诉讼规则第 4 条的规定，送达传票应该附上起诉状。因此，如果送达仅仅送达传票但未附起诉状是属于送达缺陷。在美国民事诉讼中，一般送达仅指送达诉讼文件，其要求相当正式。在送达文件之后，任何其他诉讼文书包括修正的起诉状、实体判决等都不严格适用送达的规则，普通邮件或者其他方式（包括电子邮件、美国法院 ECF 办公系统提交等）均可。美国联邦民事诉讼规则第 4 条第 a 款规定了传票的内容和格式，第 b 款规定了传票的开具，其内容不再详细展开。

美国联邦民事诉讼规则第 4 条第 c 款至第 n 款非常详细地规定了送达的程序规则。第 c 款规定了送达民事案件诉讼文书的一般规则：

“（1）一般规则。送达传票必须连同起诉状一起送达。按照本条规则第 m 款规定的时限送达传票和起诉状是原告的义务，且原告必须给负责送达的人足够的传票和起诉状副本。

（2）送达人。任何年满 18 岁且非本案的当事人，可送达传票和起诉状。

（3）执法官或者特别任命的人送达。依据原告的请求，法院可以命令美国联邦执法官、副执法官或者法院特别任命的人员执行送达。如果原告符合美国法典第 28 编第 1915 条之规定或者第 1916 条之规定，则法院必须任命官员执行送达。”

根据以上规则，美国法院的诉讼文书由传票和起诉状构成，送达时必须一起送达。送达有相应的时限，原告必须安排送达，超过时限违反规定，后果由原告承担。时限的起算从起诉之日开始计算，但是法院出具传票的日期往往晚于起诉之日。美国民事诉讼中除非法院任命执法官或者其他人员送达，否则送达由原告负责。原告自己本人不能送达，必须聘请年满 18 岁有完全民事行为能力人负责送达。美国联邦民事诉讼规则未明确规定原告律师能否进行送达，各州对此规定不一样，伊利诺伊州允许原告律师进行送达，佛罗里达州要求送达人员获得州政府许可。

美国联邦民事诉讼规则第 4 条第 e 款规定在联邦地区法院司法区域内送达自然人的规则：

“除非联邦法另有规定，否则在联邦地区法院司法区域送达的应按照如下规则进行，但送达未成年人、无完全民事行为能力人和已经提交了放弃接收送达权利的人除外：

（1）按照联邦地区法院所在州的一般管辖权法院审理案件的送达规则送达或者送达地的州的送达规则送达。

（2）下列任何方式送达：

（i）将传票和起诉状直接送达给被送达自然人；

（ii）将传票和起诉状放置在被送达自然人的住所或者经常居住的住处，如果被送达自然人在该住所或者住处有共同居住且行为能力适当（能够理解送达的含义）的人；

（iii）将传票和起诉状送达给被送达自然人的法定或者指定负责收受诉讼文件的代理人。”

第 e 款规则规定了联邦法院民事诉讼的诉讼文件送达自然人的送达规则。该款规则有两个重点：第一，确立了联邦地区法院送达规则得援引联邦法院所在州的州法的原则；第二，即便不符合州法，仍然可以采用直接送达、留置送达和送达给代理人的三种方法。注意第二点既是授权也是限权，因为除了其明文规定的三种方式之外，其他方式除非符合州法规定，否则不能采用。

美国联邦民事诉讼规则第 4 条第 f 款规定送达外国自然人的方式：

“除非联邦法另有规定，否则送达给自然人按照如下规则在联邦地区法院司法区域之外送达，但送达未成年人、无完全民事行为能力人和已经提交了放弃接收送达权利的人除外：

（1）通过国际条约或协定能够起到合理的告知效果的任何送达方式，如《海牙送达公约》授权的方式；

（2）如果并没有国际条约或协定规定送达方式，或者国际条约和协定允许但是并未列举明确的方式，只要其能起到合理的告知效果：

（i）由被送达地国家法律规定的，其行使一般管辖权的法院采用的送达方式；

（ii）外国权力机关负责询问函或者查证函，由外国权力机关协助送达的方式；

（iii）直接送达传票以及起诉状给被送达人本人的方式；通过邮寄方式向传票上法院书记官记载的地址向被送达人寄送需要签收回证的邮件，但是送达地所在国法律不允许的除外。

（3）通过法院允许的，不被国际条约所禁止的任何送达方式。”

第 f 款规则规定了向外国自然人送达的方式。如果被送达地所在国亦系《海牙送达公约》之成员国，作为一般性规定，向外国自然人进行送达应当采用公约规定的方式进行送达。在外国国境送达时，除了要遵守国际条约的规则之外，还不得与被送达地所在国的法律相违背。美国法院可以在不违背国际条约的情况下，授权采用其他合理的送达方式——此规定来源于第 f 款第（3）项，是此类诉讼中美国法院允许电子邮件送达的成文法依据。

第 h 款规定向公司、合伙企业，以及协会进行送达的规则：

“除非联邦法另有规定或者放弃接收送达权利文件已经提交，否则对本土公司、外国公司、合伙企业其他非法人协会的诉讼当事人进行送达采用以下方式：

（1）如果是在联邦地区法院的司法区域内送达的：

（i）按照第 4 条第 e 款第（1）项规定的向自然人送达的方式送达；

（ii）向本土公司、外国公司、合伙企业其他非法人协会的官员、管理人员或者一般代理人员，以及法定或者指定负责收受诉讼文件的代理人送达传票和起诉状；如果该代理人是依照成文法获得授权且成文法要求的，则需同时寄送传票和起诉状给任何被告本身；

（2）如果不再在联邦地区法院的司法区域送达的，则按照第 4 条第 f 款规定的送达自然人的任何送达方式，但是第 4 条第 f 款规定的直接送达方式例外。”

第 h 款规定送达给公司等非自然人时，首先要区分是在联邦地区法院的司法区域内送达，还是在区域外送达。在区域内送达的，要么按照联邦地区法院所在州的州法进行送达，要么直接送达给公司的授权代表；在区域外送达的，则按照第 f 款的规定进行送达，但是域外不适用直接送达方式。在此类诉讼中，被告系中国跨境电子商务企业，送达自然是首先适用第 h 款第（2）项之规定，进而援引第 f 款的送达方式送达。由于第 f 款字面上授予了美国法院自由裁量权，因此，美国原告往往主张按照第 f 款第（3）项之授权，对中国跨境电子商务企业通过电子邮件送达。

第 m 款规定了送达的时限：

“如果原告未能在起诉之日起 90 天送达被告，则基于被告之动议或者法院自身之动议，得在告知原告的情形下，裁决驳回原告对该被告的起诉，驳回判决无既判力；法院也可以命令原告必须在法院指定期间进行送达，否则驳回。但是如果原告能够证明未能送达存在正当原因的，法院必须合理延长送达时间。本款规则不适用按照第 4 条第 f 款、h 款（2）项、j 款（1）项进行的外国送达，或者按照美国联邦民事诉讼规则第 71. 1 条送达。”

第 m 款设定了原告送达被告的时限，如果原告未能在时限内送达被告，其可能的不利后果是法院作出驳回起诉的判决。作为一项惯例，美国联邦法院的各种程序性驳回，虽然第一次不具有既判力，但是第二次驳回原则上有既判力，原告不能再次起诉。

二、《海牙送达公约》的规定

我国于1991年加入《海牙送达公约》，公约自1992年1月1日对我国生效。美国于1967年加入《海牙送达公约》，公约自1969年2月10日对美国生效。因此，中美两国都是《海牙送达公约》的成员国。

《海牙送达公约》的第1条规定了公约的适用范围。“在所有民事或商事案件中，如有需要递送司法文书或司法外文书以便向国外送达的情形，均应适用本公约。”第2条规定了公约适用的例外，“在文书的受送达人地址不明的情况下，本公约不适用。”

根据《海牙送达公约》的序言，其目的是“通过简化和加快有关程序，改进为此目的而进行相互司法协助的体制”。基于此，《海牙送达公约》规定了成员国设立中央机关协助送达作为一般原则，邮寄送达等方式作为补充的国际送达协助机制。《海牙送达公约》第2条规定各成员国均须设立中央机关落实条约下的国际送达协助义务。《海牙送达公约》的第3~6条规定了协助送达的具体方式和要求。

《海牙送达公约》第8条规定：

“每一缔约国均有权直接通过其外交或者领事代表机构向身在国外的人完成司法文书的送达，但不得采取任何强制措施。

任何国家均可声明其对在其境内进行此种送达的异议，除非该文书须送达给文书发出国国民。”

《海牙送达公约》第10条规定：

“如送达目的地国不表异议，本公约不妨碍：

（1）通过邮寄途径直接向身在国外的人送达司法文书的自由；

（2）文书发出国的司法助理人员、官员或其他主管人员直接通过送达目的地国的司法助理人员、官员或其他主管人员完成司法文书的送达的自由；

（3）任何在司法程序中有利害关系的人直接通过送达目的地国的司法助理人员、官员或其他主管人员完成司法文书的送达的自由。”

我国在加入《海牙送达公约》时对第8条和第10条均作出了保留，因此，除非外交或者领事代表机构在我国向其本国国民送达文书，否则外交或者领事代表机构在我国境内直接送达不合法，且我国不允许外国司法机构和其他人员在我国境内通过邮寄方式送达司法文书。

《海牙送达公约》于1965年11月15日在海牙议定，因为时代原因，其完全没有提及电子邮件送达的问题。对于电子邮件是否被《海牙送达公约》排除的问题，美国判例法存在分歧。[①] 部分法院认为字面上《海牙送达公约》没有任何排除电子邮件的表述；[②] 部分法院则认为字面分析《海牙送达公约》没有意义，而是根据《海牙送达公约》的精神出发，应当认定电子邮件送达将会架空《海牙送达公约》，因此不应该被允许。[③]

三、《海牙送达公约》与美国内国法的关系

美国联邦法院在审理民事案件时，必然适用美国联邦民事诉讼规则处理程序问题。美国联邦民事诉讼规则第4条明确提到域外送达遵循《海牙送达公约》，因此就域外送达问题，美国联邦法院必须同时适用《海牙送达公约》和美国内国法。

在适用《海牙送达公约》和美国内国法时，《海牙送达公约》优先。美国联邦民事诉讼规则允许按照国际条约和协定规定的方式进行送达，前提是特定送达方式属于国际条约和协定允许的方式。《海牙送达公约》的目的是简化和改进国际司法协助，因此，凡是《海牙送达公约》禁止的送达方式，成员国不得以内国法之规定在境外实施（在境内按照内国法规定送达完全不适用《海牙送达公约》）。"《海牙送达公约》明确列举允许的送达方式，取代与

---

① See generally Michael A. Rosenhouse, Annotation, Permissibility of Effectuating Service of Process by Email Between Parties to Hague Convention on Service Abroad of Judicial and Extrajudicial Documents in Civil or Commercial Matters, 14 A. L. R. Fed. 3d Art. 8 (West 2019).

② MacLean－Fogg Co. v. Ningbo Fastlink Equip. Co., Ltd., 2008 WL 5100414, at ＊2 (N. D. Ill. Dec. 1, 2008).

③ Luxottica Group S. p. A. v. Partnerships and Unincorporated..., 391 F. Supp. 3d 816 (N. D. Ill. 2019).

公约不一致的内国法送达方式的规则。”[①]因此，按照美国法院的判例，在域外送达情景下，《海牙送达公约》总是适用，而且是优先于美国内国法适用。

但是，由于美国联邦民事诉讼规则第 4 条 f 款的规定，给美国法院留下了自由裁量的空间，因此，导致现实中《海牙送达公约》并不是一直优先适用。美国联邦民事诉讼规则第 4 条 f 款（3）项规定可以采用“通过法院允许的，不被国际条约所禁止的任何送达方式”。在此类诉讼中，美国法院流程式地允许原告通过电子邮件对中国跨境电子商务企业进行送达，因为这些法院认为电子邮件送达并非《海牙送达公约》禁止的送达方式。

第二节　美国法域外送达规则的判例法阐释

在中美两国均为《海牙送达公约》的成员国的前提下，美国法院能否允许原告使用电子邮件对中国被告送达，现实中存在明显的司法分歧。就全美而言，多数法院认为能使用《海牙送达公约》方式进行送达时，应该优先适用公约的方式。就北区联邦地区法院而言，多数法院认为《海牙送达公约》不禁止电子邮件送达，电子邮件送达是合法合理的。

在 2019 年的 Luxottica Group S. P. A. 案中，北区联邦地区法院戈特沙尔法官认为《海牙送达公约》必须适用，因此批准了被告因电子邮件送达不合法的动议。在该案中，原告是 Ray – Ban 和 Oakley 商标的持有人，其在北区联邦法院起诉 906 家电子商务企业侵权。法院在原告单方面申请临时禁令和电子邮件送达的情况下，批准了临时禁令并准许原告通过电子邮件送达。在收到电子邮件送达之后，该案中有 8 个被告的律师回复了原告，部分律师提出送达不合法的问题，要求原告律师按照《海牙送达公约》规定的送达方式送达。之后，原告先后向法院申请延长临时禁令以及将临时禁令转化为初步禁令。

---

① Volkswagenwerk Aktiengesellschaft v. Schlunk，486 U. S. 694，698，108 S. Ct. 2104，100 L. Ed. 2d 722（1988）.

由于没有任何被告出席初步禁令听证会，法院批准了初步禁令。6 个被告向法院提出了美国联邦民事诉讼规则第 12 条下的驳回动议，其理由之一是中美均系《海牙送达公约》成员国，应当通过公约规定的方式送达，电子邮件送达不合法。法院最终批准了这 6 个被告的驳回动议。

在 2021 年的 Hangzhou Chic 案中，北区联邦地区法院的达肯法官判定《海牙送达公约》并非强制，按照美国联邦民事诉讼规则的规定美国法院有自由裁量权决定采用包括电子邮件在内的其他送达方式，最终拒绝了被告主张送达不合法的驳回动议。在该案中 Hangzhou Chic 公司与 Unicorn Global 公司主张大量电子商务企业侵犯其悬浮滑板产品的专利。原告单方面向法院申请了临时禁令，其中包括要求法院允许原告通过电子邮件方式送达被告，该申请得到法院的批准。之后法院还批准了原告的初步禁令动议。两名中国企业被告在收到电子邮件之后向法院提出驳回动议，其理由之一是送达未按照《海牙送达公约》进行，因此无效，法院应当驳回原告对该两名被告的诉讼。法院最终驳回了两被告的动议。

因此，两名同属北区联邦地区法院的法官对相同的法律问题提出了截然相反的观点，而两种观点在其他法官和其他法院均有支持者。同时，还有部分法院的裁决并不完全支持一方观点，而是采取了折中或者将两方观点结合的方式。

一、《海牙送达公约》是否强制适用

在 Luxottica Group S. P. A. 案中，法院明确表示《海牙送达公约》强制适用。由于该案涉及送达美国境外的被告，因此美国联邦民事诉讼规则第 4 条 f 款适用。在第 4 条第 f 款下，送达域外被告要么根据国际条约和协定如《海牙送达公约》，要么由法院确定其他合理的方式，但不能是国际条约禁止的方式。

该案被告在动议中提出，中美两国均是《海牙送达公约》成员国，而《海牙送达公约》禁止电子邮件送达。原告主张，首先，《海牙送达公约》不适用于该案，其理由是原告没有被告的地址；其次，《海牙送达公约》并不禁止电子邮件送达，因此法院有自由裁量权批准电子邮件送达。法院指出原告的两项主张均不成立。

法院认为，既然中美两国均是《海牙送达公约》的成员国，且美国联邦民事诉讼规则第4条明确援引国际条约，因此《海牙送达公约》肯定适用美国法院民事诉讼文书送达中国境内被告的情形。《海牙送达公约》第1条规定了适用例外，即被告“地址不明”，但是地址不明不能简单主张，原告必须履行基本的勤勉义务去查找被告的地址，完全未采取任何行动去核实和查找被告地址的原告，不得主张被告地址不明。《海牙送达公约》的例外不能在该案中适用，因此《海牙送达公约》强制适用。

在Hangzhou Chic案中，法院认为《海牙送达公约》的适用是选择性的。[①]达肯法官认为按照美国联邦民事诉讼规则第4条的表述，适用《海牙送达公约》是选择性的；如果按照《海牙送达公约》送达，当然能够产生合法送达的效果，但是第4条第f款第（3）项明确授权美国法院可以在不违背国际条约的情况下授权其他送达方式。达肯法官应该是认为，所谓不违背国际条约并不要求适用国际条约，只要国际条约不禁止即可。达肯法官认为一众美国法院均认为《海牙送达公约》的适用并非强制性的。[②]在援引一众案例之后，达肯法官给出了一个有意思的观点“美国联邦民事诉讼规则并不要求寻求第4条第f款第（3）项救济的原告首先尝试通过《海牙送达公约》方式送达”。达肯法官似乎是想用认为《海牙送达公约》适用非强制的案例证明美国联邦民事诉讼规则允许原告直接要求第4条第f款第（3）项的救济，虽然这是仅仅间接相关的两个问题。

就《海牙送达公约》是否强制适用的问题而言，多数地区法院都支持强

① Hangzhou Chic Intelligent Technology Co. v. Partnerships and..., 2021 WL 2690873 *1 (2021).

② Monco v. Zoltek Corp., 2018 WL 3190817, at *4 (N. D. Ill. Apr. 24, 2018); Strabala v. Zhang, 318 F. R. D. 81, 115 (N. D. Ill. 2016); see also Rio Props., Inc. v. Rio Int'l Interlink, 284 F. 3d 1007, 1015-16 (9th Cir. 2002).

制适用。如加利福尼亚州北区联邦地区法院、得克萨斯州北区联邦地区法院、华盛顿州西区联邦地区法院等都支持强制适用《海牙送达公约》。① 佛罗里达州南区联邦地区法院则在一个案例中支持选择性适用的观点，该法院指出“在美国联邦民事诉讼规则第 4 条第 f 款第（3）项下，在公约成员国没有明确拒绝该方式时，法院有权自由裁量适用其他的送达方式”。② 值得注意的是，在最终拒绝被告主张未按《海牙送达公约》的送达无效的案件（以下简称“中立派案例”）中，得克萨斯州东区联邦地区法院认为《海牙送达公约》强制适用，只不过在被告故意隐匿地址信息逃避送达时，可以适用《海牙送达公约》的第 1 条被告“地址不明”例外。③ 俄亥俄州北区联邦地区法院也在一个案例中采用了被告地址不明的例外的思路。④ 综上所述，对于《海牙送达公约》是否强制适用，美国法院存在分歧。但是认为强制适用的是主流观点，选择性适用的是少数观点，不过在主流观点中，有一部分适用了《海牙送达公约》的例外。

二、主张《海牙送达公约》的适用例外的证明责任

在 Luxottica Group S. P. A. 案中，法院指出《海牙送达公约》第 1 条规定：《海牙送达公约》的适用情形是“所有民事或商事案件中，如有须递送司法文书或司法外文书以便向国外送达”；在“在文书的受送达人地址不明的情况下”，《海牙送达公约》才不适用。在该案中，原告仅知道被告系电子商务企业，可能事实上的确不知道被告的地址。美国法院一贯的判例表明，原告不能对于被告地址问题“简单闭眼”从而规避《海牙送达公约》的适用，原

---

① Facebook, Inc. v. 9 Xiu Network (Shenzhen) Technology, 480 F. Supp. 3d 977 (N. D. CA 2020); Prem Sales, LLC v. Guangdong Chigo Heating and, 494 F. Supp. 3d 404 (N. D. Texas 2020); See also Rubie's Costume Company, Inc. v. Yiwu Hua Hao Toys Co., Ltd., 2019 WL 6310564 (W. D. WA 2019).

② Louis Vuitton Malletier v. Individuals, Partnerships and, 2020 WL 4501765 (2020).

③ Whirlpool Corporation v. Individuals, Partnerships, and, 2022 WL 329879 (2022).

④ Noco Company, Inc. v. Zhejiang Quingyou Electronic, 338 F. R. D. 100 (2021).

告必须尽到合理的勤勉义务查询被告的地址。[①]在该案中，被告按照美国联邦民事诉讼规则第12条第（4）、（5）两款动议挑战送达的有效性，需由原告证明存在有效送达。[②]对于此，第七巡回上诉法院有明确的判例规定。[③]因此，原告不能简单宣称自己不知道被告的地址，从而主张《海牙送达公约》的例外。

在该案中被告提交了两种不同的证据证明原告可以合理地知悉被告的地址。第一是被告销售的货物附上了预先印制的退货单，单据上载有被告在中国的地址；第二是被告在电子商务平台登记注册的信息里有其地址（不止有电子邮件）。法院拒绝考虑第二种证据，因为按照美国判例法原则上来说外语的文件未附英文翻译的，不能视为经过鉴真[④]，但是第一种证据法院可以考虑。原告主张通常情况下退货单上的地址要么是虚假的，要么是第三方（如快递公司或者货代公司）的地址，并非被告的地址。法院认为，原告不能未做任何调查就主张地址虚假或者并非被告的地址，原告试图将证明责任转嫁给被告不符合法律规定。原告不能仅凭怀疑地址是虚假的，又没有任何调查行为，就得出被告是“地址不明”的，尤其是原告不能简单主张被告销售假冒产品因此肯定存在提供虚假地址逃避送达的情形。法院的一系列判例都要求原告进行合理的调查，才可能得出“地址不明”的结论。[⑤]而且也存在先

① See generally Advanced Access Content Sys. Licensing Admin., LLC v. Shen, 2018 WL 4757939, at *4 - 5 (S. D. N. Y. Sept. 30, 2018); Progressive Se. Ins. Co. v. J & P Transp., 2011 WL 2672565, at *3 (N. D. Ind. July 8, 2011) (citing Opella v. Rullan, 2011 WL 2600707, at *5 (S. D. Fla. June 29, 2011)); Compass Bank v. Katz, 287 F. R. D. 392, 394 - 95 (S. D. Tex. 2012).

② See O'Brien v. O'Brien & Assoc., Inc., 998 F. 2d 1394, 1399 - 1400 (7th Cir. 1993).

③ See Cardenas, 646 F. 3d at 1005 (citing Homer v. Jones - Bey, 415 F. 3d 748, 754 (7th Cir. 2005)).

④ MDG Int'l., Inc. v. Australian Gold, Inc., 606 F. Supp. 2d 926, 939 n. 26 (S. D. Ind. 2009) (citing Lopez - Carrasquillo v. Rubianes, 230 F. 3d 409, 413 - 14 (1st Cir. 2000)).

⑤ Advanced Access Content Sys. Licensing Admin., LLC v. Shen, 2018 WL 4757939, at *5 (S. D. N. Y. Sept. 30, 2018); see also *824 Shenzhen Ruobilin Network Tech., Ltd. v. SJG - Lesn, 2016 WL 6988868, at *1 (W. D. Wis. Nov. 29, 2016); Blumedia Inc. v. Sordid Ones BV, 2011 WL 42296, at *2 (D. Colo. Jan. 6, 2011); Katz, 287 F. R. D. at 395 - 96; Progressive Se. Ins. Co., 2011 WL 2672565, at *2 - 3.

例，原告聘用了调查员核实被告地址无果的，法院认定被告地址不明。①原告未提交任何证据证明其调查过被告的地址，因此原告并未满足其证明责任证明被告地址不明。

而在 Hangzhou Chic 案中，达肯法官根本没有考虑原告的勤勉调查义务，而是在假定被告可以证明原告可以轻易地获得被告地址的情况下，法院仍然有权决定使用电子邮件送达。在该案中，两位主张送达无效要求法院驳回的被告向法院提交了被告的包含地址的网店页面。法院则认为，首先，被告提交的页面未能证明该地址的显示日期，无法确认在2020 年 8 月 18 日原告申请电子邮件送达之日该地址已经显示；其次，即便被告能够证明其地址在该日期之前出现，被告也并未质疑原告的起诉状中对被告侵权等情形的主张，而这些主张足以支持法院允许电子邮件送达。法院认为即便被告在网店提供了真实的地址，“也不能改变一件事实：在互联网上从美国境外销售假冒产品的‘大流行病’，被告 Gyroor 和被告 Tomoloo 的网店和销售行为符合原告主张的成千上万的售假电子商务的特征。原告关于‘大流行’售假的主张展示了特殊的案情，足以使法院正当地发布禁令冻结财产。发布和执行禁令的时间是非常紧急的，因此法院才批准通过电子邮件送达，尽可能早地告知被告。”

因此，即便被告在原告动议电子送达当时就已经提供了真实的地址，也可以不适用《海牙送达公约》的规则，而是直接由法院按照特殊案情自由裁量。按照这种裁判思路，则原告主张《海牙送达公约》例外适用的，没有任何证明责任。因此，按照达肯法官的裁判思路，原告没有进行初步检索被告地址的勤勉义务，也不需要主张《海牙送达公约》第 1 条下的例外，即可申请法院允许电子送达。

以上两种观点分别有不同的美国法院支持，其中第一种观点是主流观点，第二种观点是少数观点。如加利福尼亚州北区联邦地区法院、得克萨斯州北区联邦地区法院、华盛顿州西区联邦地区法院等都支持如果要适用《海牙送

① Chanel, Inc. v. Song Xu, 2010 WL 396357, at *1, *3 (W. D. Tenn. Jan. 27, 2010); see also BP Prods. N. Am., Inc. v. Dagra, 232 F. R. D. 263, 264 (E. D. Va. 2005).

达公约》的例外，原告必须尽到勤勉义务证明被告地址不明。[①] 佛罗里达州南区联邦地区法院则在一个案例中支持第二种观点，其理由是电子邮件是值得信赖的。[②] 中立派案例都在原告进行了初步的地址检索或者送达尝试之后，认定被告地址不明，支持电子邮件送达。[③]

关于《海牙送达公约》的例外适用的证明责任问题，主流观点认为原告需要尽到勤勉义务。很明显，这里少数观点的思路是错误的。美国联邦民事诉讼规则第 4 条第 f 款第（1）项按照《海牙送达公约》送达是常规送达手段，第（3）项由法院允许采用其他方式是特殊救济手段。如果被告的地址已知，美国法院根本就没有自由裁量权。滥用第（3）项的自由裁量权将会导致美国违反其在《海牙送达公约》下的国际义务，这恰恰是戈特沙尔法官所担心的。

三、《海牙送达公约》是否禁止电子邮件送达

即便是《海牙送达公约》的例外适用，美国法院可以自由裁量允许其他送达方式，法院选择的其他方式也不得属于《海牙送达公约》禁止的方式。在《海牙送达公约》适用存在例外的情况下，法院需要解释美国联邦民事诉讼规则第 4 条第 f 款第（3）项的含义。美国联邦民事诉讼规则第 4 条第 f 款第（3）项规定美国法院有权允许“不被国际条约所禁止的任何送达方式”。争议的焦点就在于，《海牙送达公约》是否允许电子邮件送达。

在 Luxottica Group S. P. A. 案中，原告认为《海牙送达公约》没有任何条文禁止电子邮件送达。虽然《海牙送达公约》并未明文允许电子邮件送达，这是因为公约是在 1965 年通过的，当时根本不存在电子邮件的技术，因此公

---

① Facebook, Inc. v. 9 Xiu Network (Shenzhen) Technology, 480 F. Supp. 3d 977 (N. D. CA 2020); Prem Sales, LLC v. Guangdong Chigo Heating and, 494 F. Supp. 3d 404 (N. D. Texas 2020); See also Rubie's Costume Company, Inc. v. Yiwu Hua Hao Toys Co., Ltd., 2019 WL 6310564 (W. D. WA 2019).

② Louis Vuitton Malletier v. Individuals, Partnerships and, 2020 WL 4501765 (2020).

③ Whirlpool Corporation v. Individuals, Partnerships, and, 2022 WL 329879 (2022); Noco Company, Inc. v. Zhejiang Quingyou Electronic, 338 F. R. D. 100 (2021).

约不可能明文允许。戈特沙尔法官不同意原告的主张。法院认同原告主张，《海牙送达公约》的条文没有明确禁止电子邮件送达；法院也认可在公约签订的时候电子邮件根本不存在。但是法院指出，该案面临的问题应该是“在公约的条文本身完全没有涉及一种送达方式时，法庭是否有权授权该送达方式”而不违反公约。

戈特沙尔法官援引美国联邦最高法院的判例说，《海牙送达公约》的起草者们意图禁止公约没有明文授权的送达方式。美国联邦最高法院认为《海牙送达公约》取代与公约不一致的内国法送达方式的规则。①美国联邦最高法院还在 2017 年重申该规则，《海牙送达公约》第 19 条明文规定《海牙送达公约》取代各国内国法的范围，并未提及电子邮件可以由内国法授权。②

法院进一步指出，《海牙送达公约》在第 10 条明文规定了各成员国可以保留的相应送达方式，在其中并无电子邮件送达。对于第 10 条的理解，存在两种观点，第一种观点认为，既然《海牙送达公约》仅允许内国法保留第 10 条规定的三种情况，说明公约不允许内国法保留其他任何送达方式，包括电子邮件。③另一种观点认为既然很多国家按照第 10 条保留了外交人员直接域外送达、邮寄送达，但是并未明确保留电子邮件送达，因此只能理解为电子邮件送达未被保留。如中国保留了中国境内的美国司法文件邮寄送达，则美国民商事诉讼文书不能在中国境内通过邮寄送达，但不代表不可以电子邮件送达。④ 戈特沙尔法官支持第一种观点，其理由是允许电子邮件送达会绕过《海牙送达公约》，导致公约空置，使美国政府违反条约义务。法院认为公约给各成员国留了余地但余地内无电子邮件送达，即说明公约不允许电子邮件送达。在 2022 年 7 月裁决的 Smart Study Co. Ltd. 案（以下简称“Smart 案”）中，纽约州南区联邦地区法院伍兹法官在参考哥伦比亚大学中国法研究中心主任

---

① Volkswagenwerk Aktiengesellschaft v. Schlunk, 486 U. S. 694, 698, 108 S. Ct. 2104, 100 L. Ed. 2d 722 (1988).

② Water Splash, Inc. v. Menon, U. S., 137 S. Ct. 1504, 1507, 197 L. Ed. 2d 826 (2017).

③ Elobied v. Baylock, 299 F. R. D. 105, 108 (E. D. Pa. 2014).

④ Sulzer Mixpac AG v. Medenstar Indus. Co. Ltd., 312 F. R. D. 329, 331 – 32 (S. D. N. Y. 2015).

Liebman 教授的法院之友备忘录后，认定中国法禁止电子邮件送达，根据《海牙送达公约》电子邮件送达无效。该案强调虽然中国《民事诉讼法》第 274 条允许中国法院电子邮件送达境外被告，但是最高人民法院对其做了明显限制性的规定。按照最高人民法院发布的《全国法院涉外商事海事审判工作座谈会会议纪要》规定“受送达人所在国系《海牙送达公约》成员国，并在公约项下声明反对邮寄方式送达的，应推定其不允许电子送达方式，人民法院不能采用电子送达方式”。因此，美国法院不能以中国法院也进行域外电子邮件送达为由准许电子邮件送达。

美国和其他成员国都有将电子邮件视为邮件的子类的先例或者立场。比如宾夕法尼亚州东区联邦地区法院①、南达科他地区法院②都作出了类似认定。而瑞士、德国、墨西哥政府也主张保留了《海牙送达公约》第 10 条下的邮寄送达，保留的范围包括电子邮件。③而中国政府也保留了《海牙送达公约》第 10 条下的邮寄送达，且中国政府主张其保留的邮寄送达包含电子邮件送达。④

而在 Hangzhou Chic 案中，达肯法官则采用了简单的分析思路认为《海牙送达公约》不禁止电子邮件送达。达肯法官指出，《海牙送达公约》中根本没有电子邮件四个字，因此《海牙送达公约》既没有允许，也没有禁止电子邮件送达。美国联邦最高法院曾经表态“如果接受国没有对特定其他送达方式进行保留，则《海牙送达公约》不禁止适用其他送达方式”。⑤

在该案中，被告主张中国政府对邮寄送达作出了保留，因此，如果将电

① Elobied v. Baylock, 299 F. R. D. 105, 108 (E. D. Pa. 2014).

② Mapping Your Future, Inc. v. Mapping Your Future Servs., Ltd., 266 F. R. D. 305, 308 (D. S. D. 2009).

③ Elobied v. Baylock, 299 F. R. D. 105, 108 (E. D. Pa. 2014) 瑞士; Agha v. Jacobs, 2008 WL 2051061, at *1 - 2 (N. D. Cal. May 13, 2008) 德国; Compass Bank v. Katz, 287 F. R. D. 392, 394 - 95 (S. D. Tex. 2012) 墨西哥。

④ Jian Zhang v. Baidu. com Inc., 293 F. R. D. 508, 515 n. 2 (S. D. N. Y. 2013).

⑤ Water Splash, Inc. v. Menon, 137 S. Ct. Water Splash, Inc. v. Menon, 137 S. Ct. 1504, 1513 (2017) (citing Brockmeyer v. May, 383 F. 3d 798, 803 - 04 (9th Cir. 2004)); Commodity Futures, 2020 WL 956302, at *5 - 6 ("apply [ing] the [Water Splash] analysis to service by email").

子邮件视为邮件的子类，则中国政府对电子邮件也作出了保留。按照美国联邦最高法院的判例，应当视为电子邮件送达被禁止。达肯法官拒绝了该观点，他认为电子邮件的“即时性和可追踪性”构成电子邮件与邮件的明显区别。有众多法院判例认为电子邮件与纸质邮件是两种性质不同的事物。[①]

达肯法官还支持了原告的一项主张，即按照中国《民事诉讼法》的规定，中国法院有权决定采用电子邮件送达中国境外的被告，既然如此，中国政府就不能禁止美国法院决定在中国进行电子邮件送达。[②]

因此，关于《海牙送达公约》是否允许电子邮件送达的问题，美国法院也是存在分歧的，有的法院认为《海牙送达公约》不允许电子邮件送达[③]，有的法院认为既然《海牙送达公约》没有明文禁止电子邮件送达，则电子邮件送达被允许。[④] 值得注意的是，这两种观点之间存在中间派，中间派观点认为如果原告尝试进行《海牙送达公约》无果或者调查原告的地址无果的，可以适用电子邮件送达。[⑤]如得克萨斯州北区联邦地区法院明令原告进行《海牙送达公约》下的送达，但在命令中说明，如果《海牙送达公约》下的送达由于客观原因无法在6个月内完成，可以申请法院允许电子邮件送达。[⑥] 中间派的观点是允许电子邮件送达，但是对原告课以在先义务，属于典型的两种观

---

① The Neck Hammock, 2020 WL 6364598, at *4; see also Zanghi v. Ritella, 2020 WL 589409, at *5 (S. D. N. Y. Feb. 5, 2020); Jackson Lab'y v. Nanjing Univ., 2018 WL 615667, at *4 (D. Me. Jan. 29, 2018); Rubie's Costume Co., Inc. v. Yiwu Hua Hao Toys Co., 2019 WL 6310564, at *3 (W. D. Wash. Nov. 25, 2019); Genus Lifesciences Inc. v. Tapaysa Eng'g Works Pvt. Ltd., 2021 WL 915662, at *3 (E. D. Pa. Mar. 10, 2021).

② Hangzhou Chic Intelligent Technology Co. v. Partnerships and..., 2021 WL 2690873 *3, 4 (2021).

③ Facebook, Inc. v. 9 Xiu Network (Shenzhen) Technology, 480 F. Supp. 3d 977 (N. D. CA 2020) 该案法官明确表示“认为《海牙送达公约》不禁止电子邮件送达的观点是对《海牙送达公约》的误读”(982–983 页)。

④ Louis Vuitton Malletier v. Individuals, Partnerships and, 2020 WL 4501765 (2020).

⑤ Prem Sales, LLC v. Guangdong Chigo Heating and, 494 F. Supp. 3d 404 (N. D. Texas 2020); See also Rubie's Costume Company, Inc. v. Yiwu Hua Hao Toys Co., Ltd., 2019 WL 6310564 (W. D. WA 2019).

⑥ Prem Sales, LLC v. Guangdong Chigo Heating and, 494 F. Supp. 3d 404 (N. D. Texas 2020);

点的折中。

四、知情能否取代送达

在 Luxottica Group S. P. A. 案中，戈特沙尔法官首先指出法院管辖权必须经由送达最终转化为现实。[①] 如果送达无效，即使客观上被告对于自己被诉的事实知情，法院也不得行使管辖权。[②] 原告主张因为被告律师在提交驳回动议之前曾经电子邮件联系原告律师，说明被告对诉讼知情，因此法院确立管辖权。法院表示知情不是确立管辖权的依据，送达才是依据。因此判断该问题的终极标准是本案的送达是否有效，知情与否不重要。在 Guangdong Chigo Heating 案中，得克萨斯州北区联邦地区法院在原告已经发送电子邮件给被告的情况下，判令原告仍应采用《海牙送达公约》的方式送达。[③] 可以理解为，即便电子邮件已经使得被告知悉被起诉的事情，仍应通过合法有效的送达方式送达。

在 Hangzhou Chic 案中，达肯法官并没有直接回答被告知情能否取代送达的问题，但是达肯法官认为能够实现被告知情的电子邮件送达能够满足告知诉讼的宪法原则。达肯法官似乎认为送达并非宪法意义上的特殊规则，因而能够实现知情的送达方式已经足够。达肯法官有两方面论证：第一，电子邮件是“即时的、可信赖的、可追踪的”送达方式。该案原告在听证动议中主张，对于跨境电子商务企业来说，其会在亚马逊、Ebay 等销售平台注册电子邮箱，该邮箱是企业运营网店的最主要途径，因此可以信赖。第二，法院认为允许电子邮件送达不仅有利于原告，对所有的被告而言也是有利的，因为这样可以尽快告知被告。据此，达肯法官认为电子邮件送达能够实现知情效果即可，两者是目的和手段的关系，而且该手段肯定能实现该目的。佛罗里

① In re Dairy Farmers of Am., Inc. Cheese Antitrust Litig., 767 F. Supp. 2d 880, 881 n. 5 (N. D. Ill. 2011).

② Mid – Continent Wood Prods., Inc. v. Harris, 936 F. 2d 297, 301 (7th Cir. 1991).

③ Prem Sales, LLC v. Guangdong Chigo Heating and, 494 F. Supp. 3d 404 (N. D. Texas 2020).

达州南区联邦地区法院也有判例持类似观点，在路易威登案中，法院同意原告的主张认为电子邮件是“值得信赖的交流方式”，法院还强调了三个事实：第一，被告通过互联网开展经营；第二，在开展经营时被告日常使用电子邮件；第三，原告能证明电子邮件及网上公告非常可能将诉讼文件传递给被告。[①] 法院认为这三个事实非常可能保证被告获得“告知”，因而符合告知诉讼的原则。

关于知情能够取代送达的问题也存在两种观点，第一种观点是知情不重要，送达本身才是判断的终极标准；第二种观点虽然没有直接回答该问题，但第二种观点强调电子邮件的可信赖性，这些案例的观点主张电子邮件能够保证知情，因此构成合法有效的送达方式。

五、单方面动议情景下的禁令终局性

在 Luxottica Group S. P. A. 案中，戈特沙尔法官指出众多北区联邦地区法院法官经常批准原告的单方面申请，而且包括戈特沙尔法官本人。这是因为申请临时禁令和电子邮件送达是在案件的初始阶段，而且律师并未适当提示法院其未进行合理的调查去确定被告的地址，因此不能适用《海牙送达公约》第 1 条规定的例外。戈特沙尔法官认为即便法院在案件起诉阶段准许了资产冻结和电子邮件送达，法院的命令不具有终局性，被告得在合理时间出庭提出反对。

在 Guangdong Chigo Heating 案中，得克萨斯州北区联邦地区法院首先批准了原告的电子邮件送达申请，但是在被告后续的驳回动议中，支持了被告要求按照《海牙送达公约》进行送达的请求。因此，该法院也表明其诉讼初始阶段的禁令没有终局性。

综上所述，对于美国民事诉讼文书在《海牙送达公约》成员国境内进行送达的问题，美国法院之间和法官之间存在不同的理解。主流观点认为《海

① Louis Vuitton Malletier v. Individuals, Partnerships and, 2020 WL 4501765 ＊1－2 (2020).

牙送达公约》强制适用，要主张《海牙送达公约》适用的例外原告必须尽到勤勉调查义务。主流观点认为，只有《海牙送达公约》适用的例外情形存在，法院才能够自由裁量。在例外存在的情形下，主流观点认为可以采用电子邮件送达，坚持认为电子邮件送达不能采用的是少数意见。对于送达的效果，有观点坚持送达才是确立管辖权的依据，也有观点认为电子邮件送达值得信赖，电子邮件送达能够满足告知诉讼的要求。原则上来说，任何一种观点都赞同法院允许电子邮件送达的禁令不具有终局性。总之，多数法院支持《海牙送达公约》的优先适用，少数法院认为《海牙送达公约》与民事诉讼规则之间不存在优先问题。

第三节　基于无效送达提出驳回动议的案例分析

前面介绍了美国法院域外送达的规则框架，本节结合水气球商标侵权案分析中国跨境电子商务企业基于无效送达提出驳回动议的问题。按照美国联帮民事诉讼规则第 12 条第 b 款的规定，如果送达无效则法院应当驳回原告起诉，因此无效送达是驳回起诉的理由。根据第 91 号被告东理科技公司的具体情况，原告对被告东理科技公司的送达应该强制适用《海牙送达公约》，且《海牙送达公约》适用的例外于东理科技公司而言不存在。

一、《海牙送达公约》应当强制适用

在水气球商标侵权案中，《海牙送达公约》应当强制适用。首先需要澄清的是，在本案中，法院准许了原告的临时禁令动议，动议中包含了法院允许电子邮件送达的内容。但是由于法院准许临时禁令是在原告单方面申请的情景下作出的，法院得随时应被告之请求重新判断，因此，法院当时的决定并不具有终局性。因此，法院允许电子邮件送达不代表被告不能出庭应诉时对送达提出挑战。

中美两国均系《海牙送达公约》的成员国。本案的初审法院系位于美国伊利诺伊州的联邦地区法院，送达的诉讼文件也是该法院签发的。本案第91号被告东理科技公司是在中国深圳市登记注册的公司，其主要营业地也在中国。同时，东理科技公司在美国未开设分支结构或者代表处。东理科技公司的股东和负责人黄卫平以及其他员工均未赴美国。在原告尝试用电子邮件对东理科技公司进行送达时，东理科技公司的任何人员均在中国境内。基于以上事实，本案应当适用《海牙送达公约》进行送达。

按照《海牙送达公约》确定的规则，送达应该通过中央机关进行。我国确定的中央机关为司法部。在本案中，原告不应该通过电子邮件送达，而是应该将纸质传票、起诉状，以及传票和起诉状的中文翻译件通过美国中央机关提交我国司法部，由我国司法部按照《海牙送达公约》的规定交最高人民法院安排送达。按照《海牙送达公约》第15条规定，只有在原告向外国机关递送文书超过6个月，法院才可以采取其他行动，如视为已送达或者另外采用其他送达方式。

由于中美两国均系《海牙送达公约》成员国，且本案审理法院为美国法院，本案审理第91号被告东理科技公司为中国公司，送达地位于中国，因此《海牙送达公约》强制适用。原告直接申请美国法院批准电子邮件送达，违反了《海牙送达公约》的规定。

二、《海牙送达公约》适用的例外于东理科技公司不存在

《海牙送达公约》第1条明确规定其适用于成员国域外送达所有民事和商事案件的司法和非司法文书，同时也规定了例外：如果被告的地址不明，则公约可以不适用。在本案中，根据东理科技公司的具体情况，被告地址不明的例外不适用。

1. 原告未尽到初步的勤勉调查义务

如 Luxottica Group S. P. A. 案所指出的，原告负有初步的勤勉义务证明被

告地址不明。未做任何的送达尝试或者未对对地址进行调查，结论式或者推断式地主张被告地址不明，未尽初步的勤勉义务。对此，不仅 Luxottica Group S. P. A. 案如此规定，众多美国法院判决也是如此认定。

以达肯法官为代表的少数派意见明显错误，其生硬地认为美国法院可以不依据美国联邦民事诉讼规则第 4 条第 f 款第（1）项行事，而是可以直接行使第 4 条第 f 款第（3）项的自由裁量权，其意见明显属于对第 4 条第 f 款的误读，也是对《海牙送达公约》的不合理规避。首先，美国负有忠实履行《海牙送达公约》的国际义务，如果美国法院有不受限制的裁量权，甚至可以直接决定绕开公约，则会实质导致公约对美国没有约束力。其次，美国加入《海牙送达公约》，按照美国法的规则，就代表公约构成美国联邦法的一部分，其有等同甚至超过民事诉讼规则的效力。①因此，法院只能适用《海牙送达公约》，发现符合公约例外之后才能依据第 4 条第 f 款第（3）项行事。最后，《海牙送达公约》的整体运行逻辑是构建有效的国际协助体系，优先适用公约的方式，在公约不禁止的情景下内国法做补充。

在水气球商标侵权案中，种种迹象表明原告在起诉时根本就没有认真审查证据，其委托第三方通过网络技术抓取数据并截图，但是原告及其律师根本未审阅截图文件。对于任何被告的准确地址，原告根本未进行任何调查。原告仅在起诉状和动议文件中结论式地主张“被告大多数居于美国境外，大部分可能是“被告有意隐匿地址”。因此，原告未尽勤勉调查义务。

2. 被告东理科技公司的地址可查且无任何隐匿行为

被告东理科技公司的真实地址可以直接在网店查询到，但本案原告未尽勤勉调查的义务。因此，被告无任何隐匿地址行为，被告东理科技公司地址明确，《海牙送达公约》的例外不存在。

① 这是因为按照美国法法理，美国联邦政府签订且经批准的条约构成联邦法；而民事诉讼规则是国会授权联邦最高法院制定的授权性立法，理论上，《海牙送达公约》可能比民事诉讼规则效力更高。

在本案中，原告在起诉状和临时禁令动议中泛泛主张大多数被告居于美国境外，且有隐匿地址的行为。原告这一主张并非对本案案情事实调查的结果，而是原告律师在每一次提起此类诉讼都会采用的说辞。本案被告东理科技公司没有任何隐匿地址行为。根据黄卫平的声明，其名下仅有东理科技公司一家公司，而美国亚马逊 Eaglecam 网店是东理科技公司唯一在亚马逊运营的网店。东理科技公司在亚马逊网注册时提供了其真实的地址、真实的联系人、真实的公司名称以及真实的公司账户。因此，东理科技公司的地址已经准确无误地提供给了美国亚马逊公司。既然原告可以从亚马逊公司轻易地获得东理科技公司的电子邮件，那么自然也能轻易地获得东理科技公司的地址。原告之所以未获得东理科技公司的地址，是其故意选择，试图规避《海牙送达公约》的强制适用。

综上所述，本案原告未尽勤勉调查义务，而且客观上被告东理科技公司的中国地址可以轻易获得，因此法院没有理由认定存在“被告地址不明”的情况。既然被告地址并非不明，则《海牙送达公约》第 1 条的例外就不应该适用于被告东理科技公司。

三、《海牙送达公约》禁止电子邮件送达

虽然美国联邦民事诉讼规则第 4 条第 f 款第（3）项授权美国法院自由裁量决定其他送达方式，但是其裁量权是有边界的，即法院确定的送达方式不应当是《海牙送达公约》禁止的方式。不仅如此，按照美国联邦民事诉讼规则的逻辑以及《海牙送达公约》的目的，美国法院的自由裁量权行使还需要前提，即《海牙送达公约》的例外能够适用——这是美国法院的主流观点。如果按照主流观点，对东理科技公司而言不存在地址不明，因而《海牙送达公约》的例外不适用，因此美国法院的自由裁量权不存在行使的前提。

如果按照少数观点，除非是将少数观点发挥到极致，否则也应当认定电子邮件送达被《海牙送达公约》禁止。按照达肯法官为代表的少数观点，分析域外送达问题可以跳过第 4 条第 f 款第（1）项关于国际条约的规定，直接

适用第4条第f款第（3）项下的自由裁量权。即使该观点正确，也只能是法院可以行使裁量权，不能得出裁量权行使的结果是可以允许电子邮件送达。而在Hangzhou Chic案中，达肯法官认为《海牙送达公约》不禁止电子邮件送达，其理由是《海牙送达公约》中根本没有电子邮件的概念，因此《海牙送达公约》不可能禁止电子邮件送达。达肯法官认为美国联邦最高法院曾经表态“如果接受国没有对特定其他送达方式进行保留，则《海牙送达公约》不禁止适用该其他送达方式”。[①] 达肯法官对美国联邦最高法院判例的援引，是一种错误理解下的援引。首先，他明显忽略了美国联邦最高法院明确的申明，“《海牙送达公约》取代了与公约不一致的内国法送达方式的规则”。[②] 其次，《海牙送达公约》之所以没有明文禁止电子邮件送达，是因为公约通过时根本就没有电子邮件，然而这不代表公约允许这样一种送达方式。再次，达肯法官区分电子邮件和邮件的性质搞错了重点。达肯法官指出即便中国对邮件送达进行了保留，不代表对电子邮件送达进行了保留，因为电子邮件的即时性和可追踪性的特点与纸质邮件明显不同。但是中国之所以保留邮件送达，其原因并非纸质邮件是否即时或者可追踪，而是出于对邮件送达（作为直接送达的例外性方式）对司法主权的侵害考量。最后，达肯法官认为电子邮件并未侵入中国领域，因此中国不可能提出保留。达肯法官的理解错误在于，就侵入领域而言，关键不在于是否物理入侵，而在于效果。中国政府反对的是美国滥用司法权的行为，行为的方式本身并不重要。

水气球商标侵权案的审理法官是帕库法官，经检索，截至目前帕库法官并未就《海牙送达公约》的适用问题作出过裁判。如果帕库法官按照主流观点的戈特沙尔法官的思路审案，则被告东理科技公司提出基于无效送达的驳回动议，大概率会得到支持。如果帕库法官是完全坚持达肯法官的观点，也

---

① Water Splash, Inc. v. Menon, 137 S. Ct. Water Splash, Inc. v. Menon, 137 S. Ct. 1504, 1513 (2017) (citing Brockmeyer v. May, 383 F. 3d 798, 803 – 04 (9th Cir. 2004)); Commodity Futures, 2020 WL 956302, at *5 – 6 (“apply [ing] the [Water Splash] analysis to service by email”).

② Volkswagenwerk Aktiengesellschaft v. Schlunk, 486 U. S. 694, 698, 108 S. Ct. 2104, 100 L. Ed. 2d 722 (1988).

并不意味着被告的动议一定会被驳回。因为达肯法官在裁判 Guangdong Chigo Heating 案时，除了有上述法律分析之外，还有事实判断，其事实判断是可以被证否的。达肯法官在没有证据的情况下指出“在互联网上从美国境外销售假冒产品的‘大流行病’”，这个论断一是没有证据，二是在东理科技公司处是可以被驳倒的。在水气球商标侵权案中，不论是否存在大规模销售假冒水气球产品，就东理科技公司而言，所谓的销售假冒产品是不存在的。更重要的是，原告在知悉东理科技公司的所谓侵权行为之后，等了超过 35 个月才寻求救济，这种怠于行使权利的行为使得原告寻求禁令保护的正当性荡然无存。美国法下，禁令作为衡平法救济，是典型的非常规手段，无紧迫性等特殊原因就不能提供衡平法救济。

综上所述，在水气球商标侵权案中，被告东理科技公司提出无效送达要求法院驳回原告起诉，有很大的概率会得到法院支持。因为根据东理科技公司的具体情况，本案《海牙送达公约》强制适用，《海牙送达公约》的例外不适用。即便审案法官持少数派观点，被告东理科技公司仍然有一定机会赢得动议，获得胜诉。

小　结

送达事关法院确立管辖权，如送达无效则法院不得行使管辖权。美国法院流程式地允许电子邮件送达，违背了美国在《海牙送达公约》下的国际义务，侵犯了中国企业的合法权益。

在美国法下，美国联邦基层法院管辖外国被告应该同时适用美国联邦民事诉讼规则和《海牙送达公约》的规定。在国际法有约必守的原则下，美国法院审理民事案件需进行域外送达的时候，应该强制适用《海牙送达公约》，除非公约规定的例外存在。《海牙送达公约》规定了原则上允许邮件送达但成员国可以保留，却未规定是否允许电子邮件送达，导致不同法院对《海牙送达公约》对电子邮件的“沉默”理解不一。

在实践中，美国法院就《海牙送达公约》适用的问题存在诸多分歧。首先，就《海牙送达公约》是否强制适用问题，多数美国地区法院都支持强制适用。如加利福尼亚州北区联邦地区法院、得克萨斯州北区联邦地区法院、华盛顿州西区联邦地区法院等都支持强制适用《海牙送达公约》。少数法院支持选择性适用的观点，认为在美国联邦民事诉讼规则第 4 条第 f 款第（3）项下，在公约成员国没有明确拒绝该方式时，法院有权自由裁量适用其他的送达方式。

对《海牙送达公约》例外适用的证明责任问题，也存在原告有勤勉调查义务和无义务两种观点，其中第一种观点是主流观点，第二种观点是少数观点。如加利福尼亚州北区联邦地区法院、得克萨斯州北区联邦地区法院、华盛顿州西区联邦地区法院等都支持如果要适用《海牙送达公约》的例外，原告必须尽到勤勉义务证明被告地址不明。佛罗里达州南区联邦地区法院则在一个判例中支持第二种观点，其理由是电子邮件送达是值得信赖的。

关于《海牙送达公约》是否允许电子邮件送达的问题，有的法院认为《海牙送达公约》不允许电子邮件送达，有的法院则认为是允许的。中间派观点认为如果原告尝试进行《海牙送达公约》下的送达无果或者调查原告的地址无果的，可以适用电子邮件送达。关于知情能否取代送达的问题也存在两种观点，第一种观点是知情不重要，送达本身才是判断的终极标准；第二种观点虽然没有直接回答该问题，但强调电子邮件的可信赖性，因此主张电子邮件能够保证知情，因此成为合法有效的送达方式。

即便如此，中国跨境电子商务企业应当积极主动挑战电子邮件送达的有效性。第一，即便美国法院作出了允许电子邮件送达的禁令，该禁令并非终局的。在 Luxottica 案中，法院认为即便法院在案件起诉阶段准许了电子邮件送达，法院的命令不具有终局性，被告得在合理时间出庭提出反对。在 Smart 案中，法院改变了自身允许电子邮件送达的禁令，说明禁令没有终局性。单方面动议情境下的禁令不具有终局性是美国法院的通识。第二，在美国联邦最高法院判例确认《海牙送达公约》强制适用的情况下，存在大量中国企业被告应诉获胜的例子。在 Smart 案中，法官在原告单方面申请的情况下允许了电子邮件送达，后来两个中国被告应诉，美国原告出于策略考虑马上撤销了对该两被告的诉讼。不仅如此，法官还采纳两被告对送达有效性挑战的理由，裁定对所有被告的电子邮件送达均无效。因此，应诉挑战电子邮件送达的有效性不仅可行，而且效果非常好，中国企业应该主动应诉。

第四章　不当合并被告抗辩

第一节　美国律所批量合并被告的实践和动机

在美国原告起诉中国跨境电子商务企业的案件中，美国律所在同一起案件中合并数十家上百家被告，这已经成为美国律所的惯常做法。如水气球商标侵权案中，美国 Thoits 律所将 138 家跨境电商企业列为被告①；在 Entertainment One UK Ltd. 案中，美国 GBC 律所将 96 家跨境电商企业列为被告②；甚至有一起案件起诉 700 多个被告。③

美国律所之所以批量合并被告，其背后的法律机理有四：第一，美国民事诉讼程序规则允许当事人合并。美国联邦民事诉讼规则第 19 条、第 20 条和第 21 条分别规定了当事人的强制合并、任意合并和不当合并的后果。第二，美国民事诉讼程序规则将众多当事人合并的案件视为一起案件，不会另

① 美国伊利诺伊州北区联邦地区法院，案号 21 - CV - 2180。

② 美国伊利诺伊州北区联邦地区法院，案号 21 - CV - 1173。

③ See Estée Lauder Cosmetics Ltd. v. Partnerships and. . . , 334 F. R. D. 182, 186 (2020) 一起案件起诉 774 个被告。

外收费。第三，美国民事诉讼程序规则不要求原告在起诉阶段（甚至是证据开示阶段）将所有重要案件事实查明以及主张明确，只要原告陈述事实足够明确，足以让被告理解即可——即告知诉讼，告知诉讼的精神是原告的起诉状不要求具体的细节，只需要能够具体到被告能够理解即可。美国律所没有必要在案件开始阶段安排众多人手逐一审阅证据材料。客观上来说，考虑到大部分外国（主要是中国）跨境电子商务企业被告根本就不会出庭应诉，因此从只想赚钱的美国律所的角度来说，根本没有必要查清事实。第四，如果美国律所逐一审阅证据材料，可能形成内心确信一部分潜在被告不侵权，因此按照职业道德要求不应该起诉这部分被告，但这样会妨碍律所赚钱。因此，将所有被告列在一起，对律所更有利——至少不用承担律师职业道德风险。

美国律所的动机有四个：第一，可以节约起诉费用。美国联邦法院民事诉讼收费采用按件收费的方式，绝大多数地区法院每件收费 402 美元。[①]如果美国律所针对 100 个被告分别提起 100 宗诉讼，则需要缴纳 40200 美元费用；如果美国律所在一起诉讼中列入 100 个被告，则该案仍然算作一起案件，仅缴费 402 美元。第二，可以提高律所的工作效率。如果美国律所针对 100 个被告分别提起 100 起诉讼，则美国律所需要签署 100 份各种诉讼文书——在诉讼文书量足够大的情况下，往往容易出错。在诉讼阶段，不同案件分派给不同法官，每个法院对文书、期日、出庭的要求都不完全一样，难以管理。如果将所有被告都列入同一起案件，则文书、期日、出庭都可以批量处理，能够极大提高工作效率。第三，美国律所在进行此类诉讼时采取了外包、网络爬虫、批量处理等手段，往往是根据电商网页的关键词发现潜在被告。如 2021 年 3 月 26 日，GBC 律所代理了 Fear of God 商标的持有人提起商标侵权诉讼。[②] 跨境电子商务卖家中，有的卖家只是在其商品页面用了 Fear of 或者 of God 或者 FOG 字样而并没有将这些字样作为商标，就被 GBC 律所当作侵权人

① 美国伊利诺伊州北区联邦地区法院收费价目表，https：//www. ilnd. uscourts. gov/Pages. aspx?VAOKCfUfUrENJEfItoKzJ1y8ME5cnOTZ，2022 年 5 月 21 日最后访问。

② 美国伊利诺伊州北区联邦地区法院，案号 21 – CV – 1660。

列为被告。[1] GBC 律所之所以将这些跨境电子商务企业列为被告，显然并不是因为 GBC 律所阅读了亚马逊，Ebay 等电商平台上所有的相关产品网页，而是采用了关键词检索的技术列出跨境电子商务企业名单。换言之，在此类诉讼中，原告以及律所并非认识到被侵权而起诉，而是主动在网上找任何潜在被告，对具体的每一个被告而言原告并不清楚其是否侵权。第四，极大提高律所的收益。在此类诉讼中，原告及其律所明知绝大多数被告均是外国（尤其是中国）跨境电子商务企业，出于回避诉讼的文化心理、高昂的应诉成本、对美国诉讼程序的不理解等多种原因不会应诉，则原告可以按照不应诉判决制度直接收割这些企业的网店资金，这样做明显提高了律所的收益。

基于以上原因，美国律所在起诉跨境电子商务企业时，常见的做法是一次性将数十上百的被告列入同一起案件。即便美国民事诉讼程序规则允许一定程度上的当事人合并，此类诉讼中的合并与美国法律规则存在冲突，这恰恰是中国跨境电子商务企业应对美国诉讼的一个有效抗辩。

第二节　美国法合并当事人的规则

一、合并当事人的成文法规则

在联邦法院审理的案件中，程序法适用美国联邦民事诉讼规则，实体法可能是联邦法或者州法或者二者皆有。[2] 美国联邦民事诉讼规则第 19 条、第 20 条和第 21 条分别规定了当事人的强制合并、任意合并和不当合并的后果。由于此类诉讼中不涉及强制合并，因此本书不再赘述强制合并规则。

美国联邦民事诉讼规则第 20 条规定了当事人的任意合并：

“（a）能够合并或者被合并的人：

---

① 美国伊利诺伊州北区联邦地区法院，案号 21 - CV - 1660。

② See generally Erie Railroad Co. v. Tompkins, 304 U. S. 64（1938）.

（1）原告。人们可以作为原告合并到一起案件中，如果：（A）他们分别地、连带地或者替代性地针对或者基于相同的交易或者事件或者系列的交易或者事件主张权利且（B）对所有原告而言，存在相同的法律问题或者事实。

（2）被告。人们以及受海事对物管辖权规制的船舶、货物和其他财产，可以作为被告合并到同一起案件中，如果：（A）可以向他们分别地、连带地或者替代性地针对或者基于相同的交易或者事件或者系列的交易或者事件主张权利且（B）对所有被告而言，存在相同的法律问题或者事实。

（3）救济范围。无论是原告或者被告都无需获得或者抗辩所有的诉讼请求。法院可以基于一个或者多个原告的权利分别判决支持，也可以针对被告分别判决确定责任。

（b）救济措施。如果将某人合并到诉讼中，其并不向其他当事人主张权利或者其他当事人并不向其主张权利，法院得基于使当事人免于羞辱、迟延、浪费或者其他不公正之理由作出（各种）判决，包括分开庭审判决。”

根据该条规定，一个民事诉讼的原告可以将众多被告合并，但要同时满足两个前提：第一，原告基于相同的交易或者事件向被告们主张权利；第二，在被告之间存在相同的法律问题或者事实。相同的交易或者事件是美国民事诉讼法下一个至关重要的惯常表达，可以用来界定既判力的范围，也可以用来确定民事诉讼规则中的强制反诉、强制合并、任意合并、诉讼请求合并等规则的范围。用通俗的语言表达，其实相同的交易或者事件就是“同一件事”的意思。之所以用两个词“交易”和“事件”，更多是为了准确表述事实发生可能有人为因素或者自然因素。

但是如此核心的概念，美国法并没有形成一个清晰的判断标准或者构成要件体系，相反任何一个具体案件中相同的交易或者事件都是要具体根据事实因素去综合判断的问题。一般来说法院只有在针对（多个）被告的诉因之间存在逻辑联系时，才会认定原告起诉被告是基于相同的交易或者事件。[①] 只

① In re EMC Corp., 677 F. 3d 1351, 1358 (Fed. Cir. 2012); In re Price, 42 F. 3d 1068, 1073 (7th Cir. 1994).

有在各个诉因赖以存在的事实存在实质性的证据重合时，才能够认定逻辑联系存在。[①] 需要特别注意，存在实质性的证据重合并非相同的交易或者事件的充分条件，而是必要条件。在认定相同的交易或者事件时，法院可以考察以下因素：是否有相同当事人、是否在同一时空，即便不是在同一时空是否存在合乎经验法则的逻辑关系、当事人之间的关系以及证据是否存在相当程度的重合。总之，美国民事诉讼法允许合并多个被告以提升司法效率，但是合并被告的前提是原告起诉被告是基于同一件事或者有相当联系的多件事，案件存在相同的法律问题或者事实。

如果不满足第 20 条的规定，不适当地合并了当事人，则应适用第 21 条。美国联邦民事诉讼规则第 21 条规定了不当合并的后果：不当合并当事人不构成直接驳回的理由，法院可以在任何时间以合适的条件追加或者排除某一当事人。法院也可以将针对某一当事人的诉讼请求分开审理。

基于该条规定，如果原告不当合并被告，法院不能直接驳回，但是法院可以排除其认为不合适的当事人，或者将众多被告分为不同的组，分开审理。现实中，法院可以命令原告提交法律备忘录说明理由，论证为什么在同一起案件起诉众多被告。[②] 在此情况下，原告可能选择针对多数被告撤诉仅保留几个被告，也可能无法提交法律备忘录而被法院驳回起诉，第一次驳回不具有既判力。[③]

二、合并当事人之法律规则的判例

虽然美国联邦成文法对合并当事人有明确的法律规则，但是该规则的适用并不完全明确。由于此类诉讼的出现大约是近七八年的事，针对不当合并的主张，美国联邦最高法院和各上诉法院目前尚没有明确的判例，而基层法

---

① In re EMC Corp. , 677 F. 3d 1351, 1358 (Fed. Cir. 2012) .

② Estée Lauder Cosmetics Ltd. v. Partnerships and. . . , 334 F. R. D. 182, 186 (2020) .

③ Estée Lauder Cosmetics Ltd. v. Partnerships and. . . , 334 F. R. D. 182 (2020); see also H. D. USA. LLC. v. Partnerships and. . . , 2021 WL 780486 (2021) .

院对合并规则的理解则存在分歧。

在2020年1月的雅诗兰黛案中，常法官指出：原告不能随心所欲地起诉数十个被告，除非证明数十个被告彼此强烈相关以至于可以在同一个案件中对其进行审判[①]。在该案中，知名化妆品品牌雅诗兰黛的持有人和独被许可人起诉79个电子商务网店，声称这些被告销售仿冒雅诗兰黛产品侵犯原告的17项注册商标的商标权，并要求法院发布临时禁令冻结这79个网店的资金账户并禁止网店从事销售经营。在该案中，常法官在79个被告尚未出庭和答辩的情形下，主动提出不当合并的问题，并指出原告泛泛声称79个被告之间存在关联不足以支持其事实主张，因此在临时禁令动议的听证会上，常法官指令原告提交法律备忘录说明为何可以合并79个被告。[②] 听证会后，常法官作出裁判，认为合并众多被告不符合美国联邦民事诉讼规则第20条规定，因此指令原告修改起诉状，将其起诉的被告限制在可以归为一类的小类里，并附法律备忘录说明小类合并为何合理。常法官对自己的裁判附上了详细的法律备忘录进行分析，给出了裁判的三大理由。[③] 该案的结果是原告未能提交法律备忘录，而是主动选择撤诉。

在2021年3月的H. D. USA. LLC. 一案中，同在伊利诺伊州北区联邦地区法院的阿斯本法官遵循了雅诗兰黛案的先例，指出原告泛泛声称被告之间存在联系不够且与相关证据矛盾，因此也指令原告提交法律备忘录说明该案的198个被告符合美国联邦民事诉讼规则第20条的任意合并规则。[④]

同一个法院的达肯法官在Bose公司案中认为即便简单地侵犯同一个商标权的不同被告之间无联系，仍然可以在一个案件中合并众多被告。达肯法官的理由是：被告们分别对同一个商标权人造成的伤害也许是无联络的，因此不能构成相同的交易，但是被告们隐藏在互联网后，享受互联网带来的匿名

---

① Estée Lauder Cosmetics Ltd. v. Partnerships and. . . , 334 F. R. D. 182 (2020).

② Estée Lauder Cosmetics Ltd. v. Partnerships and. . . , 334 F. R. D. 182 (2020).

③ 美国基层法院法官审理案件作出裁判不要求书面出具意见，仅裁断即可；法官专门撰写法律意见书，说明法官认为该法律问题很重要，值得单独分析说明。

④ H. D. USA. LLC. v. Partnerships and. . . , 2021 WL 780486 (2021).

性、庞大的销售信息传递技术的便利，并利用跨国的方式侵犯商标权获得了巨大的收益，因此，侵权者越多就越能隐藏，因此即便他们之间没有直接的交流和合作，将其合并到同一个案件也没有什么不公平，因为这符合相同的事件要素。① 达肯法官在另一个案件中再次适用了这种标准，并结合主张分开审理的被告的过错，拒绝分开审理，判定合并被告合法。② 可见，在北区联邦地区法院的内部对于合并被告的问题存在明显分歧。

1. 原告合并众多被告是否要负初步证明责任

常法官认为按照第七巡回上诉法院的众多判例，申请合并被告的原告负有证明合并适当的义务。第七巡回上诉法院指出，在第七巡回法院的辖区内，司法规则是主张合并的当事人有初步证明义务。③ 在原告没有作出任何努力证明合并是合适的情况下，法院当然可以拒绝原告的诉求。④ 因为这是在诉讼初始阶段，所以该证明的标准其实非常低，以至于原则上法庭必须接受原告对事实的主张。

在雅诗兰黛案中，原告主张被告们系“一个内部相关的假冒集团”他们“使用独特的标识，如（销售网页）的涉及、近似的报价、相同的产品描述以及假冒产品之间也非常相似”⑤。常法官指出，原告的主张并非事实陈述，而是单纯的结论。⑥ 不仅如此，原告的结论式的主张与原告自己提供的起诉状附件证据相矛盾。首先，第23、27、28号被告对商品的描述以及图片完全不一样。其次，在部分被告之间商品的描述和图片虽然存在相似，但是描述和图片本身是非常泛泛的，不能推断出被告之间存在联系。常法官指出，恰如原告主张既然被告们是在假冒原告的品牌，那么他们的假冒产品外表很像是再

---

① Bose Corporation v. Partnerships and Unincorporated..., 334 F. R. D. 511 (2020).

② Hangzhou Chic Intelligent Technology Co. v. Partnerships and..., 2021 WL 2690873 (2021).

③ In re Veluchamy, 879 F. 3d 808, 819 n. 4 (7th Cir. 2018).

④ Turley v. Gaetz, 625 F. 3d 1005, 1011 (7th Cir. 2010).

⑤ Estée Lauder Cosmetics Ltd. v. Partnerships and..., 334 F. R. D. 182, 188 (2020).

⑥ Estée Lauder Cosmetics Ltd. v. Partnerships and..., 334 F. R. D. 182, 188 (2020).

正常不过，这无法推断被告之间存在联系；再者所谓的相似性明显无法涵盖所有被告。

基于以上理由，常法官认定北区联邦地区法院的先例表明，“在考量美国联邦民事诉讼规则第20条的要求是否得到满足的问题时，法院必须接受原告对事实问题的主张。”[①] 但是如果原告仅仅提供结论式的或者推测性的论断，都不构成对事实的主张，则法院无须接受。[②] 因此，该案原告应当承担初步的证明责任，但原告仅提供了供结论式的或者推测性的陈述，法院无须将这样的陈述接受为真，因此该案的合并不合法。总之，在原告合并众多被告是否要负初步证明责任的问题上，雅诗兰黛案给出的答案是肯定的。

阿斯本法官明确接受了该案的规则，并将其适用在 H. D. USA. LLC. 案中。达肯法官没有明确表态原告是否负有初步证明责任，但是其在 Bose 公司案中的办案过程表明其认可原告负有初步的证明责任。首先，在 Bose 公司案中法官发布临时禁令时的法律备忘录中，达肯法官明确表态，“无论是法院还是原告都必须遵守美国联邦民事诉讼规则第20条的规定”。[③] 其次，在临时禁令的听证会上，即便没有任何被告出席，法官也自行询问了原告律师合并17名被告的事实基础为何，且法官还明确指令原告律师提交法律备忘录，并且听取了原告的法务人员的证言。该过程证明，达肯法官亦认同原告负有初步的证明责任。

第七巡回上诉法院和北区联邦地区法院的判例都表明，如果原告想要合并众多被告，需承担初步的证明责任。同时按照美国联邦民事诉讼规则第20条的规定以及法院对该条的阐释，原则上，法官必须接受原告初步的事实陈述，除非原告的事实陈述没有事实性的基础而仅为结论式的或者推测性的论断。另外，法院在考量原告的事实陈述时，还可以参考当事人提供的证据材

① Desai v. ADT Sec. Servs., Inc., 2011 WL 2837435, at *3 (N. D. Ill. July 18, 2011).

② See generally, Ashcroft v. Iqbal, 556 U. S. 662 (2009); and Arreola v. Godinez, 546 F. 3d 788, 797 (7th Cir. 2008).

③ Bose Corporation v. Partnerships and Unincorporated..., 334 F. R. D. 511, 513 (2020).

料，如果证据材料证明事实不符合陈述时，以证据材料为准。

（1）法院是否应当自行审查合并是否适当

此类诉讼与美国民事诉讼法的精神存在差距，因此引发一个法律问题，即法院是否应当自行审查合并是否适当。此类诉讼的共同特点是原告起诉众多跨境电子商务企业被告，并且利用临时禁令单方面申请的美国法制度取得优势，且此类诉讼中绝大多数被告自始至终都不会出庭应诉。传统的美国民事诉讼法的精神是：法官居中裁判，不负责直接实现实体正义，法律程序是为了给当事人提供机会，因此，被告不自己利用法律程序给予的机会，法官也不越俎代庖。显而易见，在其他民事诉讼案件中法官保守消极而原被告双方互相攻防的图景，在此类诉讼中适用存在弊端。如果法院坚持消极审案，则可能对被告造成不公平，而且如果需要事后救济，反而是浪费之前的司法资源。因此，需要考虑此类诉讼中，法院是否有权甚至有义务不待被告主张而自行审查合并是否适当。

常法官花了大量的笔墨论证，在此类诉讼中，法院应当自行审查合并是否适当的问题。常法官坦陈该案临时禁令听证时没有任何被告被送达，因此不可能出现被告动议要求分开审理——暗示作为常规实践，法院一般是等当事人动议的。但是常法官明确指出联邦法院有权自行提出合并是否适当的问题，尤其是当原告一次性起诉数十上百的被告而原告如果分别起诉应该缴纳多份诉讼费时自然能够引起法院对原告行为的怀疑。常法官明确援引上级法院判决，上级法院认定在合并 24 个被告的案件中，基层法院法官应当自行审查合并是否适当。[①] 常法官还明确指出此类诉讼中法官的职责比在普通案件中更大（消耗更多司法资源），法院更有必要自行审查合并是否适当。[②] 比如，法院需要审查大量的证据材料来确认被告之间的关系，如该案中原告提交了 1355 页的被告网店销售页面截图，在 19 - cv - 6529 号案中原告起诉了 774 个

---

① George v. Smith 507 F3d. 605, 607 (7th Cir. 2007).

② Estée Lauder Cosmetics Ltd. v. Partnerships and..., 334 F. R. D. 182, 186 (2020).

被告，证据量也大得惊人。所以法院自身也有正当利益需求，需要自行对如此宽泛而大量的合并进行审查。①

阿斯本法官明确支持常法官的观点。在 H. D. USA. LLC. 案中，阿斯本法官没有进行论证为什么法院应当自行审查合并是否适当的问题，而是直接在其法律备忘录的开头明确申明，本法律备忘录及法院命令都是基于法院自行发起的审查动议进行的。②

达肯法官的态度则不明朗。在 2020 年的 Bose 公司案中，达肯法官虽然没有论证，但是自行审查了合并是否适当的问题③；然而在 2021 年的 Hangzhou Chic Intelligent Technology 公司案中，在案件开始阶段达肯法官未自行主动审查合并问题，反而在案件的中段拒绝了一被告申请分开庭审的动议。因此，达肯法官的态度不明朗，他应该是认为法院有权力自行审查，但是没有义务自行审查。④

（2）相同交易或者事件标准的适用

美国联邦民事诉讼规则第 20 条规定的任意合并被告的前提有两个，分别是原告起诉被告的诉因是基于相同交易或者事件，以及对所有被告而言，存在相同的法律问题或者事实。这两个前提中，最核心的问题是判断相同交易或者事件是否存在。在这个问题上，常法官与达肯法官选择两条完全不同的判断思路。

常法官在雅诗兰黛案中援引了联邦地区巡回上诉法院和第七巡回上诉法院的判例⑤，明确判断相同交易或者事件的标准是“不同的诉因之间存在逻辑上的关联关系”。在此标准下，只有在各诉因赖以存在的事实存在实质性的证

① Estée Lauder Cosmetics Ltd. v. Partnerships and. . . , 334 F. R. D. 182, 186 (2020).

② See H. D. USA. LLC. v. Partnerships and. . . , 2021 WL 780486, ＊1 (2021).

③ Bose Corporation v. Partnerships and Unincorporated. . . , 334 F. R. D. 511, 513 (2020).

④ Hangzhou Chic Intelligent Technology Co. v. Partnerships and. . . , 2021 WL 2690873 (2021).

⑤ In re EMC Corp., 677 F. 3d 1351, 1358 (Fed. Cir. 2012); In re Price, 42 F. 3d 1068, 1073 (7th Cir. 1994).

据重合时，才能够认定逻辑联系存在。[①] 因此，存在逻辑关系的必要条件是证据重合。“原告主张的针对各个不同被告的侵权行为，必须从总效果上构成（共同）要件事实。”[②] 正如 Eclipse Mfg. 公司案指出“如果发现不同当事人合并中的证据存在重合，证言存在重复，如果分开审理则会造成迟延、不方便、成本增加，众多判决的语言表达表明法院倾向于认定相同交易或者事件成立”。[③] 第七巡回上诉法院已经明确指出基层法院对于如何处理不适当的合并有相当大的自由裁量权，只要基层法院的裁决不会给当事人造成不必要的损害。[④]

原告仅在起诉状中声称多个被告侵犯了原告的同一个专利权，是不足以证明相同交易或者事件成立的，这个规则在商标权侵权和著作权侵权案件中同样适用。在雅诗兰黛案中，虽然原告除了声称多个被告侵犯其相同的商标权之外，还声称被告的网店产品外观相似、网页设计相似、产品价格类似足以证明被告们是“一个内部相关的假冒集团”，但是原告的结论式的主张与原告自己提供的起诉状附件证据相矛盾。既然被告之间并不存在关联，自然也不存在相同交易或者事件，因此雅诗兰黛案的合并被告的做法不适当。

常法官在该案中进行分析的时候没有区分交易或者事件。从其行文可以看出，其在进行分析的时候是将“相同交易或者事件”作为一个术语整体进行分析的。另外还需特别注意，其实常法官在论证相同交易或者事件时，并没有给出其存在的充分条件，而且确定了构成相同交易或者事件的必要条件是“不同被告的侵权行为，必须从总效果上构成（共同）要件事实”，以及“原告对各个不同被告之间的证据重合”。由于雅诗兰黛案中，不存在共同要件事实，证据也不重合，因此法官认定不存在相同交易或者事件。但是法官并没有明确：在符合哪些条件的情形下，一定存在相同交易或者事件。

---

① In re EMC Corp., 677 F. 3d 1351, 1358 (Fed. Cir. 2012).

② Eclipse Mfg. Co. v. M and M Rental Center, Inc., 521 F. Supp. 2d 739, 744 (N. D. Ill. 2007).

③ Eclipse Mfg. Co. v. M and M Rental Center, Inc., 521 F. Supp. 2d 739, 744 (N. D. Ill. 2007).

④ Elmore v. Henderson, 227 F. 3d 1009, 1012 (7th Cir. 2000); Watford v. LaFond, 725 Fed. App'x 412, 413 (7th Cir. 2018).

阿斯本法官严格地遵循了雅诗兰黛案对相同交易或者事件的判断标准。在 H. D. USA. LLC. 案中，阿斯本法官认为该案原告的陈述仅是结论式的，没有事实做支撑。根据原告提供的证据材料并非所有的被告都使用了相同的商标图案，而被告们销售的产品类似不足以推导出来被告之间存在关联，没有能够证明被告之间侵权行为存在重合的证据，因此，无法证明相同交易或者事件成立。阿斯本法官还指出在一个案件中加入数十上百个被告并不能提高司法效率，而且还违背了美国联邦民事诉讼规则第 20 条的目的。

达肯法官不同意常法官和阿斯本法官的判案思路，他特意区别了交易或者事件，在 Bose 公司案中认定被告之间不认识、无意思联络，因此不构成相同交易，但是结合此类诉讼的特点可以构成相同事件，因而，达肯法官判定合并众多被告适当。

达肯法官首先援引美国联邦最高法院和第七巡回上诉法院的判例，指出这两个法院都认为没有单一的客观方法去判断相同交易或者事件。[①] 如第七巡回上诉法院就明确表态说“无法形成一套形式化的判断是否构成相同交易或者事件的方法”。[②] 以上级法院的论断为基础，达肯法官再援引其他案件得出另外的标准：“既然没有客观的标准去判断交易或者事件，那么适当的分析方法是考量合并被告是不是对原告最公平和最有效的。”[③] 通过这样的论证，达肯法官将认定相同交易或者事件的标准转化为对根本性的公平的考量。

接下来达肯法官将该案中的交易界定为被告的“销售”假冒商品的行为，他认为原告主张被告的销售网页的高度相似性不能证明相同交易，原因是既然被告们都是假冒原告的产品，肯定要足以乱真，所以即便被告们的销售页面是完全一样的，也无法证明被告之间存在关联。所以达肯法官得出结论该案不存在相同交易——在这一点上，其观点与常法官是一致的。

---

① Bose Corporation v. Partnerships and Unincorporated. . . , 334 F. R. D. 511, 513 (2020).

② Ross v. Bd. of Educ. of Twp. High Sch. Dist. 211, 486 F. 3d 279, 284 (7th Cir. 2007).

③ Chavez v. Illinois State Police, 251 F. 3d 612, 632 (7th Cir. 2001)，法院应该在合并被告符合根本性的公平原则的情况下批准合并，而在可能造成不公证、额外费用或者迟延时不准许合并。

但是达肯法官认为不是相同交易却可以是相同事件，为此，达肯法官首先引出AF Holding案。在AF Holding案中，原告起诉了所有利用网络比特下载技术非法分享其作品的参与者，理由是所有的参与者并非单纯的下载者，而是按照比特下载的技术每一个参与者下载的同时也在分享给其他下载者，所以构成相同交易或者事件。[①] 联邦哥伦比亚特区巡回上诉法院认为技术上这样的下载导致形成了一个蜂群，但是这不意味着参与者认识或者与其他参与者有交流，虽然这种蜂群模式下参与者越多每一个参与者就更容易获取文件。[②] 基于此，法院认为原告不能合并所有的参与者为被告，只能合并在同一事件加入同一蜂群的参与者为被告。法院举例说明：参与者就像在同一牌桌打牌的人，同时在一个牌桌打牌是相同交易或者事件，但是不同时间的不同的人在相同牌桌打牌不能认定为相同交易或者事件。[③] 达肯法官援用了AF Holding案允许合并的一面，同时又指出北区联邦地区法院形成了众多判例不同意严格限制合并的范围。达肯法官援引Bicycle Peddler案指出，在比特下载技术下，一个参与者在下载的同时又上传，即使该参与者下线，其上传的文件仍然可以在以后供其他人下载，因此下线的参与者与之后的参与者仍有联系，只是并非直接联系。[④] Bicycle Peddler案进一步指出，美国联邦民事诉讼规则第20条并不要求直接的联系，因为除了相同交易或者事件之外，一系列的交易或者事件也满足合并要求。[⑤] 因此，基于前述论证，达肯法官提出了一个命题：交易和事件存在区别。首先，美国联邦民事诉讼规则第20条使用了两个单词，但是并没有界定交易和事件。其次，根据韦伯词典，指出交易和事件两个单词的含义不一样，交易是一种相互的行为，而事件则是自然发生的或者出现的情况。达肯法官指出，与交易不同，事件不必须是联合或者协助行为的产物。在该案中，虽然每一个仿冒Bose公司产品的侵权者分别各自

---

① AF Holdings, LLC v. Does 1 – 1058, 752 F. 3d 990 (D. C. Cir. 2014).

② AF Holdings, LLC v. Does 1 – 1058, 752 F. 3d 990, 998 (D. C. Cir. 2014).

③ AF Holdings, LLC v. Does 1 – 1058, 752 F. 3d 990, 998 (D. C. Cir. 2014).

④ Bicycle Peddler, LLC v. Does 1 – 12, 295 F. R. D. 274, 277 – 78 (N. D. Ill. 2013).

⑤ Bicycle Peddler, LLC v. Does 1 – 12, 295 F. R. D. 274, 277 – 78 (N. D. Ill. 2013).

侵犯 Bose 公司的权利，但是这并非 Bose 公司起诉所针对的。真正对 Bose 公司造成伤害的是互联网技术给被告带来的匿名性、庞大的销售信息传递技术的便利，虽然被告与被告之间不存在共谋、合作或者交流，但是他们就像蜂群一样，无意识地从蜂群存在的事实获益——侵权者越多，则每一个侵权者更加能够隐匿自己，从而获取利益。因此，虽然侵权者实施的侵权行为之间不构成相同交易，但是可以构成相同事件，至少系列事件。

达肯法官还从司法效率的角度出发间接反驳了常法官的思路。达肯法官认为该案中 17 个被告相当大的可能性根本就不会出庭应诉，因而自然是以不应诉判决的方式结案，如果在案件起诉阶段，法院直接将本案分开为 17 个案件来审理，不会产生任何实质性影响，但是增加了成本。[①] 达肯法官强调任何被告如果后面出庭应诉，指出自己与其他被告无联系且被控侵权之事实与其他被告存在差异，法院可以按照美国联邦民事诉讼规则第 21 条的规定随时分开审理，因此这对被告并没有任何不公平。[②]

综上所述，在适用相同交易或者事件规则时，北区联邦地区法院内部存在巨大分歧。常法官和阿斯本认为原告必须承担证明责任，仅结论式的论断不符合要求，在原告自己提交的证据材料能够反映被告之间的差异时，法院可以主动要求分开审理。达肯法官则认为相同交易或者事件标准可以区分为相同交易或者相同事件两个标准，不满足前者可以满足后者，在案件的开始阶段，法院没有必要审查合并是否适当问题，可以由出庭的被告后面提出动议再审理。

（3）不当合并的处理

美国联邦民事诉讼规则第 21 条规定了不当合并的后果：不当合并当事人不构成直接驳回的理由，法院可以在任何时间以合适的条件追加或者排除一当事人，法院也可以将针对一当事人的诉讼请求分开审理。

---

① Bose Corporation v. Partnerships and Unincorporated..., 334 F. R. D. 511, 513 (2020).

② Bose Corporation v. Partnerships and Unincorporated..., 334 F. R. D. 511, 513 (2020).

该条规则虽然明确，但是其适用存在几种情况。首先，虽然不当合并当事人并非法院直接驳回的理由，但是在整个民事诉讼的规则体系下，仍然可能出现直接驳回。如在 Watford 案中，原告不当合并被告，法院指示原告通过修改书状、排除不当合并的被告等方式遵从美国联邦民事诉讼规则第 20 条之规定，但是原告不按照法官指示行事坚持不当合并，此情况下地区法院驳回了其起诉，地区法院的判决被第七巡回上诉法院支持。① 此外，另有案例暗示法院并不严格遵守法条字面的规定，而是在驳回本身会对当事人产生实质性的不公平时，才是明确违反法条。如在 Elmore 案中，法院在原告起诉不当合并被告的情况下，直接驳回了起诉；上诉法院认为基层法院判决错误，但并非违反了美国联邦民事诉讼规则第 20 条的规定，而是在该案中，原告当时起诉在诉讼时效内，驳回的时候诉讼时效已经经过，又因第一次驳回起诉虽然没有既判力但是会视为从未起诉，所以诉讼时效必然经过，客观上来说对当事人造成了不公平。②

其次，法院虽然不能直接驳回起诉，但是法院有权排除其认为不合适的当事人（根据法条字面规定，也可以追加当事人）。一旦法院下令排除不合适的当事人，则该当事人不再是案件的当事人，因此对其而言排除的效果与驳回起诉并无区别。只不过在这种情况下，法官至少保留了一个以上的被告，案件本身仍在继续。对于被排除的当事人而言，由于第一次排除的命令本身一般都会规定没有既判力，因此，原告仍可以另外起诉这些被排除的当事人。

再次，即便存在不当合并的情形，法院也可能出于其他原因拒绝适用美国联邦民事诉讼规则第 21 条之规定。如在 Hangzhou Chic 智慧科技公司案中，达肯法官就以迟延的理由拒绝分开审理。虽然原告可能存在不当合并被告的情形，但是由于被告应诉答辩之后，并没有立即提出合并不当要求分开审理的动议，而是在其好几个其他动议被驳回之后才提出该动议，被告的挤牙膏式的诉讼实践纯粹为了拖延诉讼进程，给原告造成了不公平的境况，因此法

---

① Watford v. LaFond, 725 Fed. App' x 412, 413 (7th Cir. 2018).

② Elmore v. Henderson, 227 F. 3d 1009, 1011 - 12 (7th Cir. 2000).

院最终拒绝了被告的动议。①

最后，法院可以决定针对不同的被合并的被告分开审理。分开审理的效果是一个案子变成好几个案子，分出去的被告的案件可能需要重新办理手续。法院决定分开审理可以分为两种不同的情况：法院主动决定分开审理、法院应被告的请求决定分开审理，这两种情况对被告的影响巨大。如果是法院主动决定分开审理，原则上来说法院会指示原告提交分组方案，并且附上法律备忘录和相应证据材料证明为何某小组的所有被告应当被分为一组。在此类诉讼中，由于原告律所是通过互联网爬虫技术抓取数据，其根本就没有仔细审阅证据材料，也没有激励机制去审阅证据材料，一旦法院指示其提交分组方案并说明理由，超大概率原告会选择放弃针对大部分被告的起诉，而仅仅保留个别其发现销售金额大的被告，雅诗兰黛案就是如此。如果是法院并未主动决定分组审理，而是由来应诉的被告动议分组，那么即便该被告的动议成立，结果也只是该被告的案件被分立出来，其他未应诉的被告仍然保留在原案中，最终法院会作出不答辩判决。可见，都是法院决定分组，但是法院的主动性不一样，对被告产生的效果会存在巨大差异。显然，常法官和阿斯本法官是会主动决定分组的，而达肯法官属于要等被告应诉提出合并不当动议才会采取行动的。达肯法官的做法对中国跨境电子商务企业被告非常不利，北区联邦地区法院的其他法官们虽然大多数并没有在裁判中明确表态支持达肯法官的方案，但是现实中往往是不会主动审查合并是否合理的。

三、合并规则在适用上的分歧样态

北区联邦地区法院是此类诉讼最为集中的法院，占了全美国权利人大量起诉跨境电子商务企业案件的75%。北区联邦地区法院对于原告起诉时大量合并被告是否适当的态度呈现分歧，常法官代表一派观点认为合并不适当，原告应该承担更多的证明责任；达肯法官代表另一派观点，认为原告起诉众

① Hangzhou Chic Intelligent Technology Co. v. Partnerships and..., 2021 WL 2690873 (2021).

多被告虽然不符合相同交易标准但是符合相同事件标准，被告如果不服可以出庭时提出分开审理。

这个分歧不仅仅在两位法官之间，还涉及其他法官。经过细致检索，截至2022年7月1日，在北区联邦地区法院，阿斯本法官非常坚定地支持常法官的观点[①]，阿斯本法官连续在四个案件中主动审查合并问题，并命令原告提交法律备忘录以说明合并适当的理由。而范德拉玛法官、肯勒利法官支持达肯法官观点，其中范德拉玛法官在两个案件中引用达肯法官的观点，但是范德拉玛法官也指出，如果有哪些被告出庭答辩则可以在证据开示过程中发现合并不适当之依据，则可以随时（再次）提出合并不适当的动议[②]；肯勒利法官则简单拒绝了被告的合并不适当主张，未给出理由[③]。帕库法官、宝梅耶法官、杜尔法官、伊利斯法官以及巴克罗法官曾经在案件中遇到被告动议认为合并不适当，要求分开审理或者驳回起诉的，但是这些案件都在动议听证之前在原告和动议被告之间和解，因此，这些法官并没有就此类诉讼中大量合并被告的法律问题进行明确表态。考虑到法官在动议流程中多次批准原被告要求延长提交动议法律备忘录，法官任由法律程序迁延也可能是一种策略，避免在既有的法律分歧情况下站队表态。

在其他法院，威斯康星州东区联邦地区法院的格雷斯巴奇法官[④]、加利福尼亚州北区联邦地区法院黛薇拉法官[⑤]、印第安纳州北区联邦地区法院柯林斯

---

① H. D. USA. LLC. v. Partnerships and..., 2021 WL 780486 (2021); Art Ask Agency v. Individuals, Corporations, Limited Liability Co..., 2021 WL 5493226 (2021); NFL Properties LLC v. Partnerships and Unincorporated..., 2021 WL 4963600 (2021); Ilustrata Servicos Design, Ltda. v. Partnerships and Unincorporated..., 2021 WL 5396690 (2021).

② Pink Floyd (1987) Limited v. Partnerships and Unincorporated..., 2021 WL 7179622 (2021); Chrome Cherry Limited v. Partnerships and Unincorporated..., 2021 WL 6752296 (2021).

③ Wham-O Holding Ltd. v. Partnerships and Unincorporated...，美国伊利诺伊州北区联邦地区法院，案号21-CV-0225，案卷第87项（未给出具体分析和理由，拒绝了一被告基于不当合并以及其他理由的驳回动议）。

④ Yang v. Powers, 2020 WL 4142806 (2020).

⑤ Cisco Systems, Inc. v. Shenzhen Usource Technology Co., 2021 WL 2139333 (2021).

法官[①]、伊利诺伊州南区联邦地区法院麦克格林法官[②]、印第安纳州南区联邦地区法院的马格拉斯－思丁森首席法官[③]支持常法官的观点，但是需要注意的是只有黛薇拉法官审理的 Shenzhen Usource Technology 公司案是典型的美国权利人起诉中国跨境电子商务企业的知识产权案件，其他案件法官是在其他的侵权案件中适用了雅诗兰黛案的规则。宾夕法尼亚州西区联邦地区法院霍拉克首席法官则支持达肯法官的观点，但是他也指出，他之所以认为合并适当，是基于案件开始阶段应当以原告的事实主张为准，如果被告在后续能够证明被告之间情形不一样或者没有关联，可以再次动议分开审理。[④] 在纽约州南区联邦地区法院，菲奥拉法官遇到被告动议认为合并不适当，要求分开审理或者驳回起诉的，不过菲奥拉法官也没有对该问题表态，原告在多次申请延期提交法律备忘录之后与动议被告和解。[⑤]

综上所述，对于原告在同一件案件中大量合并被告是否适当，实践中存在严重分歧。这种分歧不仅存在于北区联邦地区法院，也存在于其他法院。在没有上级法院明确标准之前，这样的分歧将长期存在。但是即便如此，中国跨境电子商务企业在遭遇此类诉讼时，仍然应当积极主动提出动议，就算动议不能获胜，也能给美国律所施加压力，创造和解的有利条件。

第三节　美国原告合并被告不当抗辩的案例分析

前面介绍了美国法下当事人任意合并的规则框架，本节结合水气球商标侵权案分析中国跨境电子商务企业提出无地域管辖权抗辩的问题。本案由北区联邦地区法院审理，审理法官为帕库法官，因此主要以真实的情景来展示

---

① Rodriguez v. Swagger，2021 WL 1526592（2021）.

② Walker v. Butler，2021 WL 4307378（2021）.

③ Green v. Meijer，Inc.，2020 WL 6522062（2020）.

④ Doggie Dental，Inc. v. Cdoffice，2021 WL 5411432（2021）.

⑤ 美国纽约州南区联邦地区法院，案号 21－CV－5146－kpf.

该抗辩的运行以及效果，结合其他法官的态度进行分析。

一、原告对被告侵权行为的主张是结论式和推测型的陈述

在本案中，原告对全体被告的侵权行为的主张是典型的结论式和推测型的陈述，因此法院可以不予接受。在本案中，对全体被告而言，原告的陈述充斥着结论式的或者推测性的论断，对第 91 号被告而言，原告也没有任何具体陈述。

在诉讼初始阶段（尤其是考虑被告的各种动议时），该证明的标准其实非常低，以至于原则上法院必须接受原告对事实的主张。“在考量美国联邦民事诉讼规则第 20 条的要求是否得到满足的问题时，法院必须接受原告对事实问题的主张。”[①] 但是如果原告仅仅提供结论式的或者推测性的论断，都不构成对事实的主张，则法院无须接受。[②] 在本案中，原告 Zuru 公司承担合并适当的初步证明责任，但无论是针对所有的被告而言，还是在针对第 91 号被告东理科技公司公司而言，原告仅提供了供结论式的或者推测性的陈述。因此法院无须将这样的陈述接受为真，如果按照常法官的分析方法，本案的合并不适当。

在本案中，对于被告的所谓侵权行为原告仅仅提供了供结论式的或者推测性的陈述。根据起诉状，原告声称 138 个被告侵犯了其两项商标权和一项著作权，但是被告们分别来自不同的网络销售平台。原告声称被告们的网络销售页面存在相同的或者近似的设计、相同或者类似的商品描述——以此来论证被告们是一个侵权团体。但是本案的被告来自至少 14 个网络销售平台，单考虑销售平台的数量，138 个被告可能存在部分相同的网络销售页面，没有可能是跨越 14 个销售平台的页面相同或者类似。但是原告并未将 138 个被告按平台分组，分别指出其如何相同。原告根本就没有作出任何努力要针对具

---

① Desai v. ADT Sec. Servs., Inc., 2011 WL 2837435, at *3 (N. D. Ill. July 18, 2011).

② See generally, Ashcroft v. Iqbal, 556 U. S. 662 (2009); and Arreola v. Godinez, 546 F. 3d 788, 797 (7th Cir. 2008).

体被告的侵权行为进行陈述。在起诉状中，原告唯一作出努力的地方在其声称被告之一 Etsy 的网店销售页面中出现了原告有著作权的图片。但是原告并未声称其他所有被告都和 Etsy 一样使用了侵权图片。

在本案中，对于所谓的被告之间的联系，原告仅在起诉状的两处尝试陈述。第一，在起诉状第 16 段原告称“根据信息和意见，被告们主要居于中国或者其他国外司法区域”。第二，在起诉状第 23 段原告称“被告们的网络销售页面存在无数的相似性特点”。这两项陈述都是为了支持原告主张被告们是一项“内部交流”的“大型仿冒行动”。这些陈述无法支持原告的事实主张，首先，并不能因为绝大多数被告居于中国就能够推导出被告之间存在联系；其次，与原告陈述相反，被告们的网络销售页面之间存在明显的不同。

不仅原告对所有被告的侵权行为的主张是结论式和推测性的陈述，其对东理科技公司的陈述也是如此。在本案中，通览全起诉状，原告并没有在任何地方单独描述第 91 号被告东理科技公司的侵权行为，仅在起诉状附件中有一张东理科技公司的产品销售页面截图。因此，只能理解为原告在起诉状中对所有被告的整体陈述适用于东理科技公司。这些陈述有两个缺陷，一是其并没有包含最低限度的事实，如前所述属于典型的结论是推测性的陈述。二是这些陈述与原告自己提交的证据相矛盾，比如东理科技公司的情况与其他被告有明显的差异。

基于以上分析原告对被告侵权行为的主张是结论式和推测性的陈述。这样的陈述起不到最低限度的证实事实的作用，在考虑美国联邦民事诉讼规则第 12 条下的驳回动议或者第 21 条下的分开审理动议时，法院不必接受这样的陈述为真，自然得考虑具体案情——如本案中原告提供证据能够证明的情形，从而决定驳回起诉或者分开审理。

二、原告未能陈述所有被告侵权基于相同交易或者事件

按照常法官的裁判思路，任意合并必须基于相同交易或者事件，但原告

未能陈述所有被告侵权基于相同交易或者事件。原告主张被告们是一项“内部交流”的“大型仿冒行动”，该主张与事实相悖。与原告陈述相反，被告们的网络销售页面之间存在明显的不同——有一些被告的网络销售页面使用了“Bunch”的表述，有一些被告的网络销售页面使用了“Bunch O”的表述，有一些网络销售页面干脆没有使用“Bunch”这个单词；有一些被告的网络销售页面中显示的是一小堆没有充气或者充水的气球，有一些被告的网络销售页面显示的是充好水之后的气球，原告声称被告们销售的假冒产品的价格非常近似，但是有的网店产品售价为9.99美元，而有的产品售价为21.99美元。这些差异全部都可以用原告提供的截图——起诉状附件来证明。因此，原告所谓被告之间的关联不仅不符合事实陈述的要求，还恰好与原告自己提供的证据相反。

东理科技公司没有使用过“Bunch O Balloons”的表达，也没有使用原告所谓拥有版权的图片。不仅如此，第67号被告 Million Billion 也没有使用过“Bunch O Balloons”的表达，也没有使用原告所谓拥有版权的图片。而且东理科技公司与第67号被告也存在很大差异：东理科技公司每个月销售额约为5万~10万美元，第67号被告销售额约为20万~50万美元；东理科技公司仅于2018年4~5月销售水气球产品，而根据原告截图证据显示，第67号被告在2019年销售了水气球产品。

东理科技公司的股东和负责人黄卫平可以证明其与本案的其他被告无任何关系。第91号被告 Eaglecam 在亚马逊注册运营的主体为东理科技公司，该公司的投资人和管理人黄卫平并不认识其他亚马逊卖家，除了亚马逊之外也没有与任何平台有关联。[①] 据此可知，本案中东理科技公司及其相关人员与本案其他任何被告均不认识，无任何联系，也没有进行交流参与大型仿冒行动的意图。

基于以上证据能够证明的事实，被告之间存在巨大差异：可能有的被告

① 美国伊利诺伊州北区联邦地区法院，案号21-CV-2180，第91号被告 Eaglecam 的无地域管辖权驳回动议，附件五，黄卫平的声明（Delcaration of Huang）。

确实实施了侵权行为，而有的被告没有实施侵权行为；被告之间在伊利诺伊州的销售行为不一样；被告之间并不存在相互协助和沟通交流的问题，至少对于东理科技公司而言是如此。因此，原告主张的众多被告的侵权是基于相同交易或者事件不成立。每一个被告（至少对东理科技公司而言是如此）的所谓侵权行为构成一个单独的交易或者事件，彼此之间无关联。

基于以上分析，则本案中原告在起诉状中没有提供事实而是仅提供了结论式和推测性的陈述，因此法院不必接受其为真。在此情况下，根据原告自己提供的证据，能够证明被告之间存在巨大差异，被告之间没有意思联络不构成协作关系（至少是原告未能合理主张这一点），按照常法官的分析思路，本案各个被告的所谓侵权行为不构成相同交易或者事件。

如果按照达肯法官的思路，是否定性会有所不同呢？答案是会有所不同的，对被告的利益会有影响，但是最终的结论非常可能是相同的。首先，达肯法官在其审理且作出法律备忘录（可能之前有其他案件但是原被告和解所以法庭并没有实际裁决法律问题）的第一个案件 Bose 公司案中进行了法院自行审查——即被告尚未提出合并不适当的动议情况下法院自行审查合并是否适当；但是在该案之后，达肯法官遵循他自己的判例，就不会再进行自行审查了。其次，达肯法官进行了一项非常开创先例的论述，他将相同交易或者事件这个法律术语一分为二，指出存在相同交易或者相同事件两个判断标准，符合其一均可。两者之间的区别在于，交易是参与人之间有意的行为，而事件是自然而然发生的行为——没有参与人的意图在内。然后达肯法官指出了此类诉讼的特点，众多参与人可能无意识地参与到“大型仿冒活动”中，“参与造假仿冒的主体越多，每个被告都能够更加便利地隐藏自己，从而获得非法利益”。基于此，虽然被告们的参与可能是无意识的，因而不构成相同交易，但是可以构成相同事件。达肯法官还论述，由于相同交易或者事件本身没有形式化的判断方式，最终采用公平性的因素去判断是合适的。由于构成相事件，因而在起诉阶段，将被告们合并在一起没有什么不公平。达肯法官指出被告可以随时出庭指出自己不在相同交易或者事件中，从而要求法院分开审理。在达肯法官的论述中，他保留了基于某被告申请认定不当合并的可能性。因此，即便按照达肯法官的思路，仍然可以认定某被告不在相同交易或者事件之中。

以本案第91号被告东理科技公司的情况为例，按照达肯法官的分析思路，很可能能够获得动议的胜利。达肯法官的思路对原告非常有利，其思路巧妙的地方在于利用了美国诉讼法的精神——不在案件开始阶段将举证责任加诸原告，诉讼是一个持续的过程，全体当事人都有提供证据追寻真相的义务，不能在案件初始阶段就直接因为缺乏证据即驳回。因此，既然原告主张被告之间是“协作的侵权集团”，那么在被告答辩之前，法院没有必要进行干涉，法院接受原告的主张就好。与常法官的思路不一样，达肯法官把自己的生活经验也不自觉地加了进来——互联网上的侵权非常具有隐蔽性，被告之间就是无意识地参与侵权，虽然不构成相同交易，也可以构成相同事件。以东理科技公司为例，首先，东理科技公司的情况与其他被告情况存在明显差异，无论是销售规模、销售事件、销售到伊利诺伊州的情况，均比较独特。其次，达肯法官所谓无意识参与互联网侵权隐匿自己获得非法利益的论断无意中包含了一项假设——被告事实上都是知识产权的侵权人，但是这项假设在本案中对于东理科技公司而言根本不成立。东理科技公司有自己的商标，产品外观与原告的作品也存在差异，因此东理科技公司根本就没有侵权，既然根本就没有侵权，何来隐匿自己获得非法利益一说？因此，即便按照达肯法官的分析思路，东理科技公司仍然有很大可能赢得分开审理的动议，但是这种胜利的效果不如在常法官思路下效果好。

三、合并不适当的其他考量

除了明显的不符合美国联邦民事诉讼规则第20条确定的标准之外，本案中原告合并138个被告还可以基于其他考量认定为不适当。首先，这样宽泛的合并被告将给被告抗辩造成严重的不利影响。波斯纳法官曾经指出“原告将过百位互相没有联系的被告归类到同一组进行起诉的行为，是对美国联邦民事诉讼规则第 20 条的滥用”。[①] 波斯纳法官指出，美国联邦民事诉讼规则第 20 条是要通过允许合并基于一件单独的事情、交易或者一系列的事件的当事人，从而提高司法效率，而不是给原告授权使其合并被告导致被告丧失抗辩的能力，该能力是如果不存在合并的话被告可以合理运用的。[②] 又恰如常法官在雅诗兰黛案中指出，从被告的角度出发，一个被告根本无从抗辩，如果他的抗辩需要以毫无关联的共同被告为基础。[③] 基于类似霰弹枪式的合并依据来合并被告，会使得每一个所谓的商标侵权被告都需要随时关注案件卷宗并且注意数十上百个共同被告提交的各种法律文件。常法官指出仅依据被侵犯的知识产权是同一的为理由来大规模地合并被告，会彻底摧毁任意合并制度要实现的价值。[④] 在本案中，原告如此大规模的合并被告，在起诉状中泛泛而谈，完全没有针对第 91 号被告东理科技公司主张任何事实，导致东理科技公司完全不理解原告所谓侵权为何意，也不理解原告所谓众多被告之间协作侵权是什么意思。因此，原告合并众多被告，客观上负面影响被告东理科技公司在诉讼中行使抗辩权。

除此之外，从法官履职的角度出发，如此大规模地合并被告，也严重影响了司法效率。将上百个被告置于一起诉讼中会极大地增加法院的负担，因为法院需要在确定责任和赔偿的事后审查原告提供的（大量）的证据。由于此类诉讼带有很强的单方性，单方申请临时禁令、单方申请不答辩判决——绝大多数被告都不会出庭应诉，在没有被告协助（双方通过对抗协助法院）的情况下，这种负担更重。[⑤] 这个观点不仅仅是常法官的观点，第七巡回上诉法院也有类似的先例。第七巡回法院指出：原告在起诉状中请求越多或者被告越多，法院就需要更长的时间去审查；原告的请求越轻浮，法院就更有理

① Elmore v. Henderson, 227 F. 3d. 1009, 1012 (7th Cir. 2000) (Posner, J.).
② Elmore v. Henderson, 227 F. 3d. 1009, 1012 (7th Cir. 2000) (Posner, J.).
③ Estée Lauder Cosmetics Ltd. v. Partnerships and..., 334 F. R. D. 182, 187 (2020)
④ Estée Lauder Cosmetics Ltd. v. Partnerships and..., 334 F. R. D. 182, 187 (2020)
⑤ Estée Lauder Cosmetics Ltd. v. Partnerships and..., 334 F. R. D. 182, 189 (2020)

由认为（即便仅仅是下意识的）原告就是一通乱咬。① 基于给被告公平合理的抗辩机会的理由，以及基于提高司法效率的理由，也应当认为原告大规模合并被告不适当。

小　结

美国联邦民事诉讼规则第 20 条规定了任意合并的条件，第 21 条规定了不适当合并的处理，但是美国法院在适用规则时存在明显的分歧，尤其是在北区联邦地区法院的分歧特别明显。常法官认为原告在起诉合并众多被告时必须承担初步的证明责任，以说明众多被告的侵权行为系基于相同交易或者事件，而原告如果不能提供稍微细节的事实，则不能证明相同交易或者事件，因而法院必需在起诉时指令原告仅合并其能够证明有足够关联的被告。达肯法官则认为，基于互联网的隐匿性，侵犯知识产权的众多被告之间即使互不认识，仍然从互联网的隐匿性中非法获益，虽然不能构成相同交易，但是可以构成相同事件。因此，在起诉阶段可以合并众多被告，法院没必要自行审查。

本书认为达肯法官的裁判思路是错误的。首先，按照美国法院的判例在适用美国联邦民事诉讼规则第 20 条时，法院考量的总是“相同交易或者事件”作为一个整体的标准。考察美国法院的判例，尤其是第七巡回上诉法院的判例，没有哪个判例像达肯法官将标准区分为“相同交易”或者“相同事件”两个半截标准的。这样的做法是达肯法官的首创，没有任何判例法或者其他法律文献支持。其次，达肯法官之所以认为此类诉讼中，被告的行为构成“相同事件”是因为仿冒商品侵权的被告们从互联网的隐匿性中非法获益。但是达肯法官的这个判断本身包含了一个假设：所有的被告事实上都是侵权

① Wheeler v. Wexford Health Sources，Inc.，689 F. 3d 680，683（7th Cir. 2012）

者——但这是一个未经证实的假设。也许按照美国诉讼法的典型逻辑，在起诉阶段，并不需要原告证实，只要主张即可。达肯法官选择性地忽略了此类诉讼的两个特殊情况：第一，绝大多数跨境电子商务企业被告都不会应诉，其不应诉的原因未必真的有过错，也许是应诉成本太高；第二，此类诉讼的相当大部分原告律师已经表现出忽略职业道德胡乱诉讼的情形，如仅仅通过互联网技术抓取潜在被告的销售页面，不对是否侵权进行诉前审查。

在法院适用美国联邦民事诉讼规则第 20 条存在严重分歧的情况下，中国跨境电子商务企业作为被告，仍应当积极应诉提出动议。首先，并非所有法官都遵循达肯法官的对被告相对不利的裁判思路；其次，动议是逼迫原告让步，获得谈判优势的重要砝码；再次，有的情况下被告提出不当合并的动议，争取法官驳回起诉；最后，理论上存在单个被告争取法院驳回对绝大多数被告的起诉或者将全案部分开审理的可能性。

第五章　解除初步禁令动议

第一节　临时禁令和初步禁令的法律规则

按照美国法规定，在特定条件下美国法院有权命令任何主体为或者不为一定行为，被称为禁制令。禁制令又大致可以分为永久禁制令和临时禁制令。永久禁制令属于实体判决的内容，在最终判决时作出，是一种判决形式。而临时禁制令一般在诉讼的前期或者诉讼中采用，与最终的实体判决结果无关，属于一种临时限制措施。

临时禁制令又可以分为临时禁令和初步禁令。这与我国民事诉讼法下的诉讼保全措施颇为相似。临时禁令是由一方当事人申请并由美国法院作出的，为防止对方当事人为某种特定行为而对其采取的临时性的限制措施，其目的在于确保后续判决能够得到执行或确保当事人的利益不受到损害。临时禁令的特点是可以单方面申请，法院可以仅依据申请人的主张作出决定，但是临时禁令有效期较短。初步禁令也是法院为确保后续判决可以得到执行而对当事人或者其他人员作出的临时性的限制措施，如冻结资产、冻结账户、禁止网店运营等。初步禁令与临时禁令的区别在于，申请初步禁令必须通知对方当事人和被禁令约束的人，初步禁令的时效较长，在诉讼中一般有效期到诉讼终结为止，但法院有权根据实际情况延长或者缩短。

一、临时禁令的基本规则

在联邦法院，临时禁令和初步禁令由美国联邦民事诉讼规则第 65 条规定。按照美国联邦民事诉讼规则第 65 条（b）款规定，在满足两个条件的情况下法院可以应申请作出临时禁令：第一，由誓证书或者宣誓的起诉状证实的具体事实明显地表明在法院听取对方意见之前（如果不立即发出临时禁令），“即刻的以及不可挽回的损失将会发生在申请人身上”；第二，申请人的律师书面证明申请人方已经尽力尝试向被禁制人告知申请事项或者法院为何不应当要求申请方告知对方。[①] 临时禁令在作出之前甚至无需通知被申请人，而且法院在收到申请后会很快作出，因此可以有效防止被申请人在得知消息后转移财产或毁灭证据等。[②] 因此，申请临时禁令的要求实质上就是两个：第一是如果法院不发布临时禁令则申请人会遭受不可挽回的损害；第二是无法通知对方或者不能通知对方。临时禁令申请是在非常紧急的情况下，因此，法院可以不征求对方意见即发布临时禁令，故而原则上来说法院会认为申请人及其律师的事实主张为真，仅主张、誓证书、宣誓的起诉状即可，无须确实的证据。所谓誓证书是指由誓证人宣誓证明特定事实的书面文件——类似于书面证言。根据美国法的禁止传闻证据规则，誓证书不得采纳为证据，但由于证据规则仅在庭审时严格适用，因此在听证环节是可以被采用的，故其有书面证言的效果，但是不属于证据法下的证据。所谓宣誓的起诉状，是指进入 21 世纪之后，美国法院普遍要求原告在起诉前作出基本的事实调查，并需在起诉状末尾宣誓说原告合理地认为起诉状描述的事实为真，如果故意作

---

① 美国联邦民事诉讼规则第 65 条（b）（1）。

② 临时禁令制度对中国跨境电子商务企业非常具有杀伤力，看似不公平，但是根据其制度的原理其适用是需要严格限制的，加之其适用时对中国被告和美国被告并无差别，所以其实并没有看起来那么不公平。

假将承担伪证罪后果。即便如此，按照法律规定，原告仍可以提交未宣誓的起诉状，只不过会承担一定程序上的不利。当然，临时禁令也可以是在告知对方的情形下作出的。

凡法院作出未经告知的临时禁令，禁令本身必须载明禁令作出的时间，精确到小时；禁令还必须陈述其防范的申请人的损害以及法院认为损害不可挽回的理由；禁令还必须陈述未告知被禁制对方的理由，并且立即向书记官办公室提交，由书记官办公室将禁令计入公共档案。① 法院作出临时禁令，禁令的有效期不得超过 14 天，如果基于合适的理由，法院可以延长临时禁令的有效期但一次延长不得超过 14 天，除非对方同意更长的期限；延长临时禁令的理由也必须记入公共档案。②

凡申请人申请法院作出未经告知的临时禁令且法院准许的，应当对应确定尽可能早的初步禁令动议的听证日期。在听证日期，申请人必须主张为何应当将临时禁令转化为初步禁令，否则法院可以主动解除临时禁令。③ 任何被临时禁令限制的对方当事人得申请法院解除或者修改临时禁令。申请解除或者修改的，得送达听证通知给临时禁令的申请人，送达之日到听证之日不低于 2 个日历日，除非法院指示更短时间。法院应该尽可能早地审理申请解除或者修改临时禁令的动议。④

申请临时禁制令是当事人的一项程序性权利，当事人必须提供相应的担保，如果措施错误，被采取措施的当事人有权要求赔偿。法院应该根据可能发生错误申请禁令的情况确定担保的金额，金额应该足以补偿被禁制令限制的人因错误禁制发生的费用和承受的损失。⑤ 美国政府、政府官员或者代理人申请临时禁令的，法院不得要求其提供担保。⑥

---

① 美国联邦民事诉讼规则第 65 条（b）（2）。
② 美国联邦民事诉讼规则第 65 条（b）（2）。
③ 美国联邦民事诉讼规则第 65 条（b）（3）。
④ 美国联邦民事诉讼规则第 65 条（b）（4）。
⑤ 美国联邦民事诉讼规则第 65 条（c）。
⑥ 美国联邦民事诉讼规则第 65 条（c）。

作为禁制令的一种，临时禁令是为了在法院发布初步禁令前短暂禁止被告从事一定损害申请人利益的行为的制度。[①] 临时禁令是一项非常规的和很激烈的救济措施，只能在采取非常规措施的需求非常明确和肯定的情况下才能采取。[②] 由于临时禁令措施是一项衡平法的措施，因此对于是否作出临时禁令，基层法院有自由裁量权。[③] 申请临时禁令有两项要求：第一是如果法院不发布临时禁令则申请人会遭受不可挽回的损害；第二是无法通知对方或者不能通知对方。

二、初步禁令的基本规则

初步禁令也是一项临时性的限制措施，其作出的实质性理由也是为避免给当事人造成不可挽回的损害，从这一点而言，初步禁令与临时禁令没有本质的区别。但是初步禁令的有效期明显长于临时禁令，因而对被禁制的当事人来说负面影响更大，因此发布初步禁令的条件也比临时禁令更严格。初步禁令有效期比较长，必须经过听证程序才能由法院作出，并且法院必须将听证的时间、地点提前通知对方当事人，因此，被申请人在被采取限制措施之前，一定会知晓相关情况。

美国联邦民事诉讼规则第 65 条第（a）款规定作出初步禁令之前通知被禁制对方是必须的。换言之，临时禁令可以单方面申请，但是初步禁令必须举行听证并且将听证通知送达受影响的人。初步禁令的时效原则上来说及于整个诉讼过程，因此，不像申请临时禁令更看重事态的紧急性，初步禁令则更看重申请方最终获得胜诉的现实可能性。因此，法院在考虑是否作出初步禁令时，要比考虑临时禁令更加深入案件的实体内容。基于此，第 65 条（a）款第（2）规定法院在考虑初步禁令动议时，可以推进庭审的进行，可以将庭

① Perseverance Common School Dist. No. 90 v. Honey，367 S. W. 2d 243（Mo. Ct. App. 1963）.

② Georgia Vocational Rehabilitation Agency Business Enterprise Program v. United States，354 F. Supp. 3d 690（E. D. Va. 2018）.

③ Baber v. Dunlap，349 F. Supp. 3d 68（D. Me. 2018）（wide discretion）.

审与初步禁令动议的听证结合在一起。[①] 法院可以接收和审查证据，在初步禁令动议的听证会中接收的证据在今后的庭审中无须重复举证。[②]

初步禁令是一项在法院最终解决案件实体问题前的临时性的禁令，其可以是禁止性的或者指示性的——即禁止为某行为或者命令为某行为。初步禁令的制度目的不在于直接解决当事人之间的纠纷，而在于平衡当事人的利益确保公平，避免在案件最终解决之前由于当事人的行为导致另外一方当事人的财产和权利遭到损失。

第二节　临时禁令和初步禁令规则的判例法实践

一、法院考量临时禁令和初步禁令申请的标准体系

作出初步禁令的实质理由与临时禁令一样，是为了避免给当事人造成不可挽回的损害，但是作出初步禁令有另外的前提——作出初步禁令不能是单方面的，必须召开听证会并且事先将听证会通知送达对方。但是对于作出临时禁令和初步禁令的实质标准而言其内容是完全一样的。北区联邦地区法院指出：在第七巡回上诉法院辖区，法院发布临时禁令和初步禁令的标准是完全一致的。[③]

当事人申请临时禁令和初步禁令的，法院要作两方面分析：第一是申请人的初步获胜可能、法律救济的不足及不可挽回损失的可能；第二是考量申请人和对方的利益以及公共利益。

申请初步禁令的当事人应当证明：第一，其有合理的最终胜诉可能；第

① 美国联邦民事诉讼规则第 65 条（a）（2）。

② 美国联邦民事诉讼规则第 65 条（a）（2）。

③ See USA - Halal Chamber of Com. , Inc. v. Best Choice Meats, Inc. , 402 F. Supp. 3d 427, 433 n. 5 (N. D. Ill. 2019); See also Bernina of America, Inc. v. Fashion Fabrics International, 2001 WL 128164, at * 1 (N. D. Ill. Feb. 9, 2001).

二，该当事人没有足够的法律救济；第三，如果不发布初步禁令，则该当事人会遭受不可挽回的损害。[①]如果申请初步禁令的当事人不能证明这三项，则法院必须驳回初步禁令的申请。[②]但是即便申请人证明了前述三个条件，法院也不直接发布初步禁令，而是要考量禁令申请人与被申请人以及公共利益，才能决定是否发布初步禁令。[③]

二、合理的胜诉可能

法院需要考量的第一个条件是当事人的合理胜诉可能。所谓当事人的合理的胜诉可能，是指基于申请时的资料和证据，法院能够大致判断当事人在后续的诉讼中具有相当程度的机会胜诉。这个标准不要求法院能够确信申请人一定能够胜诉，而是合理的可能性即可。[④] 用不太恰当的百分比表示，不要求申请人有超过70%的胜诉机会，只要有超过一半的胜诉机会甚至比一半胜诉机会低都可以。[⑤] 只不过在胜诉机会低于一半的时候，法院对不可挽回的损害等其他因素的考量将趋于严格。之所以并不严格要求有超过一半胜诉的机会，与临时禁令或者初步禁令的性质有关，因为在考量两者时，法院作出的判断并非是对核心实体事实的最终判断，而是初步判断。随着案件的进展，法院不必固守自己的初步判断——这也是当事人可以随时申请解除禁令的原因。第七巡回上诉法院曾经表态，合理胜诉可能是一个较低的门槛。[⑥]

在商标侵权案件中，法院判断初步胜诉的可能性需要考量两个因素：

---

① Valencia v. City of Springfield, Ill., 883 F. 3d 959, 965 (7th Cir. 2018); GEFT Outdoors, LLC v. City of Westfield, 922 F. 3d 357, 364 (7th Cir. 2019).

② Girl Scouts of Manitou Council, Inc. v. Girl Scouts of the USA, Inc., 549 F. 3d 1079, 1086 (7th Cir. 2008).

③ Valencia v. City of Springfield, Ill., 883 F. 3d 959, 965 (7th Cir. 2018).

④ USA – Halal Chamber of Com., Inc. v. Best Choice Meats, Inc., 402 F. Supp. 3d 427, 433.

⑤ 之所以百分比表示不恰当，是因为判断的终极标准是“合理的胜诉可能”，而非一个量化的标准，这里使用百分比仅仅是为了方便读者理解。

⑥ Whitaker By Whitaker v. Kenosha Unified Sch. Dist. No. 1 Bd. of Educ., 858 F. 3d 1034, 1046 (7th Cir. 2017).

原告是否拥有合法的被保护的商标权；被告使用的商标或者标识是否存在误导消费者造成混淆的可能性。关于原告是否拥有合法的被保护的商标权，北区联邦地区法院阿斯本法官在 USA – HALAL Chamber of Commerce 公司案中表示：美国专利商标局的商标登记是商标合法有效的初步证据[①]。不仅判例法这样认定，美国商标法本身也规定，商标登记是商标合法有效的初步证据——但不妨碍其他人主张商标应撤销。在该案中，原告 USA – HALAL Chamber of Commerce 公司（以下简称“Chamber of Commerce 案”）持有美国专利商标局登记的新月 H 图案商标，法官认为，专利商标局的登记不仅是商标合法有效的初步证据，而且还是对抗商标退化或者获得第二含义的初步证据。[②] 在该案中，被申请人主张新月 H 图案商标广泛的在各类市场和产品上使用，已经退化（或者泛泛不具有识别商品来源的功能）。[③] 对此，阿斯本法官并没有直接以商标登记注册为由拒绝被申请人的主张，而是考量了两个因素：第一，美国商标法规定如果一个商标在登记注册之后连续使用超过五年，则不得被挑战；第二，该案被申请人虽然主张商标退化，但其仅是在申请人针对其主张权利申请禁令时方提出，在此前，被申请人从未做过任何努力尝试。[④] 因此，阿斯本法官并未进一步分析被申请人所主张商标退化的问题，而是认为就申请初步禁令而言，原告已经足够证明其有合法有效的被保护的商标。

在确认原告已经足够证明其有合法有效的被保护的商标之后，法院考虑被告使用的商标或者标识是否存在误导消费者造成混淆的可能性。在 Chamber of Commerce 案中，法院认定存在这种可能。被申请人主张其商标与申请人的商标并不完全一致，被申请人并不知晓申请人的商标，而且申请人并未证明现实中消费者的混淆的确发生。法院援引了第七巡回上诉法院的判例，考量

① USA – Halal Chamber of Com.，Inc. v. Best Choice Meats，Inc.，402 F. Supp. 3d 427，434.
② USA – Halal Chamber of Com.，Inc. v. Best Choice Meats，Inc.，402 F. Supp. 3d 427，434.
③ USA – Halal Chamber of Com.，Inc. v. Best Choice Meats，Inc.，402 F. Supp. 3d 427，434.
④ USA – Halal Chamber of Com.，Inc. v. Best Choice Meats，Inc.，402 F. Supp. 3d 427，434.

了七个事实因素，最终认定就申请初步禁令的目的而言，存在混淆的可能性，这七个因素是：商标表明的相似性或者商标含义的相似性；商品的相似性；商标使用的区域与方式；消费者购买产品时，对于该类产品可能给予的注意程度；原告商标的强度；混淆是否实际发生；被告是否有意识地误导消费者，使其错误认识产品的生产者。[①]第七巡回上诉法院在运用这七个事实因素时明确表示，“这七项事实因素的任何一项均非决定性的因素，法院应当根据当事人提呈的事实确定每项因素的权重，不过商标的相似性、被告的意图和现实的混淆发生相对更重要。”[②] 阿斯本法官在考量了 Chamber of Commerce 案的事实后得出结论，七项因素中得大多数支持认定混淆发生。如：第一，两个商标高度类似：都有一个大写的 H 字母，字母的左边都有一个弯弯的新月图案，虽然字面的字体和新月的颜色稍有区别，放在一起对比也需要仔细辨识才能区分。被申请人主张两个商标不一样，但是商标侵权并不要求商标完全一样，只要足够类似就可能侵权。第二，两个商标都是用在肉类产品上，而且被申请人自己也认可自己商标上的 H 是标识清真食品的意思。第三，该案申请人主张自己设计和使用商标时不知道原告商标和品牌的存在，法官指出，即便如此也并不能推导出混淆可能性不存在，且最高法院明确表示过商标注册本身就产生推定的公示效果。[③] 第四，申请人的商标有较高强度，申请人提供了证据证明其商标经过十多年的使用，并且有经常性的广告宣传活动。第七巡回上诉法院认为，商标的强度一般与商标的使用时间、广度以及广告宣传的经常性以及总费用直接相关。阿斯本法官表示，唯一对被申请人有利的一项因素是，专门要购买清真食品的消费者可能会比一般消费者更加注意。法官认为就初步禁令审查阶段，考量整体全部因素足够认定混淆的存在。

该案法院的论证有几点值得注意：第一，商标登记注册是商标合法有效

---

① CAE, Inc. v. Clean Air Eng'g, Inc., 267 F. 3d 660, 677 - 78 (7th Cir. 2001).

② Auto Zone, Inc. v. Strick, 543 F. 3d 923, 929 (7th Cir. 2008).

③ Iancu v. Brunetti, 139 S. Ct. 2294, 2297 - 98, 204 L. Ed. 2d 714 (2019).

的初步证据；如果被申请人没有能够反驳商标合法有效的主张（仅是主张而不是证明），则法院可以认定该初步证据已经足够。第二，如果被申请人提出了反驳商标合法有效的主张，法院不应当仅凭商标登记注册之事实认定其合法有效受保护，而是要进一步考量其他因素。第三，法院考量其他因素的事实并不十分深入，其考量程度为裁决初步禁令服务，不做终极事实认定。第四，法院可以考量商标使用的年限、被申请人是否积极主动挑战商标等。第五，法官在考量混淆可能性的时候，虽然使用七事实因素方法判断，但是七要素并没有哪一项要素是决定性的，而且在初步禁令的审查阶段，相对而言法院的考察并没有特别深入。

由于美国专利法和版权法也有类似登记注册是权利有效的初步证据①，因此，在专利侵权和著作权侵权案件中，考量初步禁令申请人是否拥有合法有效的专利或者作品时，法院的分析思路也与 Chamber of Commerce 案类似。

三、不可挽回的损害与法律救济不足

在分析不可挽回的损害与法律救济不足的时候，很多法院将两项要素放在一起分析。所谓不可挽回的损害是一项事实判断，是指如果法院不作出临时禁令或者初步禁令，即便事后法院依法判决支持其请求，也不能防止损害发生，则存在不可挽回的损害。②而所谓法律救济不足，是指法律上的赔偿不能完全救济损害。③值得注意的是，虽然美国联邦民事诉讼规则出台之后，美国联邦法院的诉讼只剩下一种形式，即民事诉讼。但是在实践中法律救济和衡平法救济的区别仍然存在。法律救济不足虽然与不可挽回的损害高度类似，

---

① 美国专利法对登记效力的规定，35 USC § §261，282；美国版权费对作品登记效力的规定，17 USC §410；See also Fourth Estate Pub. Benefit Corp. v. Wall - Street. com，LLC，139 S. Ct. 881，892（2019）.

② Whitaker By Whitaker v. Kenosha Unified Sch. Dist. No. 1 Bd. of Educ.，858 F. 3d 1034，1046（7th Cir. 2017）.

③ Snyder v. Ocwen Loan Servicing，LLC，258 F. Supp. 3d 893，913（N. D. Ill. 2017）.

但是仍然存在差异，法律救济不足是说法律诉讼的效果可能不够。[①]

在 Chamber of Commerce 案中，申请人和被申请人首先争论商标侵权案是否存在推定的不可挽回的损害。关于这个问题，美国法院没有完全的一致意见。联邦最高法院曾经在 Ebay 公司案中推翻了原来对于专利侵权案中推定的不可挽回的损害。[②]联邦最高法院还在该案判决书中指出，联邦法院持续地拒绝在著作权案件中形成相应的推定规则。[③] 基于 Ebay 案，多个巡回上诉法院，如第三和第九巡回上诉法院认定在商标侵权案中也不能直接推定存在不可挽回的损害，而应该由申请人证明。[④]然而第七巡回上诉法院没有明确处理过该问题，而北区联邦地区法院对该问题的判定存在分歧。[⑤]阿斯本法官拒绝就该问题表态，而是认定在该案中，即便不能适用推定，申请人也已经证明了不可挽回的损害的存在。

大量案例指出法院并不一定非要接受原告在起诉状或者禁令申请中的事实主张，如果原告的事实主张没有最低限度的细节[⑥]，而仅仅提供结论式的或者推测性的论断，都不构成对事实的主张，则法院无须接受。[⑦]在 C2R

---

① 举例说明，张三是大学生，还有一个星期参加期末考试，学校以其违反宿舍管理规定为由勒令其搬离，张三辩称违规之人并非自己，但学校不认可。张三申请法院临时禁止学校执行搬离通知，法院认可其申请的一项考量是：假设法院未批准张三的申请，事后张三因此考试不及格导致被退学，而张三确系未违规人员，法律上无法认定张三的损失（因为不仅有学费的损失还有时间的损失、情感的损失）因为判决赔偿无法足够救济，即所谓法律救济不够。特别注意，这里是判断禁令申请，如果张三被驱逐导致考试不及格已经发生，如果学校确有过错，那么法院也只能判决金钱赔偿，此情况下只能认为法院判决的金钱赔偿足够救济，但这与判断禁令申请是两码事。

② eBay Inc. v. MercEx 常 e，L. L. C.，547 U. S. 388，126 S. Ct. 1837，164 L. Ed. 2d 641（2006）.

③ eBay Inc. v. MercEx 常 e，L. L. C.，547 U. S. 388，392－393（2006）.

④ See Ferring Pharm.，Inc. v. Watson Pharm.，Inc.，765 F. 3d 205，217（3d Cir. 2014）；See also Herb Reed Enters.，LLC v. Fla. Entm't Mgmt.，Inc.，736 F. 3d 1239，1249（9th Cir. 2013）.

⑤ See Checker Car Club of Am.，Inc. v. Fay，262 F. Supp. 3d 621，629（N. D. Ill. 2017），认定可以适用推定；Luxottica Grp. S. p. A. v. Light in the Box Ltd.，No. 16 C 05314，2016 WL 6092636，at ＊5（N. D. Ill. Oct. 19，2016）是否能适用推定取决于商标的使用情况；Nat'l Fin. Partners Corp. v. Paycom Software，Inc.，No. 14 C 7424，2015 WL 3633987，at ＊11（N. D. Ill. June 10，2015）认定不能适用推定。

⑥ See generally，Ashcroft v. Iqbal，556 U. S. 662（2009）；and Arreola v. Godinez，546 F. 3d 788，797（7th Cir. 2008）.

⑦ Estée Lauder Cosmetics Ltd. v. Partnerships and...，334 F. R. D. 182，188（2020）.

Glob. Mfg. 案中，法院拒绝了原告的禁令申请，因为原告提供的其 CEO 的声明仅给出了损失将会发生的结论和推测，没有任何细节性的事实。[①]

Chamber of Commerce 案的申请人称，如果法院不发布初步禁令，禁止被申请人在诉讼进行期间使用被控侵权商标销售产品，则申请人无法保证被申请人的产品符合申请人的标准，而由于混淆的可能性，消费者会误认为被申请人的产品系申请人生产的，因此会损害申请人的商誉。被申请人反驳说所谓的商誉损失并非真实的，而是假设的。此外被申请人已经获得另外一家有权公司认可其肉类产品为清真食品。法院认为这里申请人主张的损害并非假设的，因为第七巡回上诉法院明确指出过，商标侵权中给权利人造成的最严重和无法挽回的损失就是权利人无法控制侵权产品的品质，以至于权利人商誉受损。[②]关于这一点，第七巡回上诉法院已经多次认定。[③]法院进一步指出，由于申请人的商标与被申请人的商标高度相似，因此即便被申请人被另外一家有权公司认可为清真，也不能改变其可能损害申请人商誉的事实。[④] 第七巡回上诉法院曾经明确指出，即使商标侵权人的商标本身是高质量的，权利人仍然可以坚持自己的商誉不应当由被申请人的行为来确立或者损害。[⑤]

法院还考虑了商标的相似性与用途的相似性。在 Chamber of Commerce 案中，首先，商标本身高度相似，都是由新月图案与大写字母 H 组成，仅仅存在颜色的差异以及字体有些许差异；其次，两个商标都是使用在肉制品上用于证明肉类产品系清真食品。第七巡回上诉法院指出商标的相似性与用途的相似性是证明存在不可挽回的损害的正面依据。[⑥]

---

① Verde Envtl. Techs., Inc. v. C2R Glob. Mfg. (In re C2R Glob. Mfg.), 2020 Bankr. LEXIS 2804, at *46 - 51 (Bankr. E. D. Wis. Oct. 6, 2020).

② Re/Max N. Cent., Inc. v. Cook, 272 F. 3d 424, 432 (7th Cir. 2001).

③ Int'l Kennel Club of Chi., Inc. v. Mighty Star, Inc., 846 F. 2d 1079, 1092 (7th Cir. 1988)); see also Keystone Consol. Indus., Inc. v. Mid - States Distrib. Co., 235 F. Supp. 2d 901, 915 (C. D. Ill. 2002) 法院认定被告仿冒产品，将产品和商标权人联系起来，给商标权利人的商誉造成了无法挽回的损害。

④ USA - Halal Chamber of Com., Inc. v. Best Choice Meats, Inc., 402 F. Supp. 3d 427, 437, 438.

⑤ Re/Max N. Cent., Inc. v. Cook, 272 F. 3d 424, 432 (7th Cir. 2001).

⑥ Ideal Indus., Inc. v. Gardner Bender, Inc., 612 F. 2d 1018, 1025 (7th Cir. 1979).

被申请人提出申请人寻求救济存在明显迟延，因此，可以推断出不存在不可挽回的损害。法院指出被申请人的主张是有判例法根据的。权利人如果没有理由的迟延寻求初步禁令，则该迟延会明显影响权利人主张不可挽回的损害。[①] 但是申请人主张其之所以存在明显的迟延寻求救济，是因为被申请人的误导。在 Chamber of Commerce 案中，被申请人向申请人保证，其并没有使用申请人的商标。在考量迟延的时候，迟延是从权利人发现权利受到侵犯之日起，而不是从权利实际受侵犯之日起。[②]既然被申请人向申请人保证其并没有使用申请人的商标，那么迟延就并非否认不可挽回的损害的决定性因素。[③]被申请人保证并未使用申请人的商标，使得申请人放松警惕，申请人主张其在 2019 年 5 月才认识到被申请人未经授权使用其商标。在此后的 1 个月零 28 天，申请人向法院提交了初步禁令申请。法院认为，这样不足两个月的时间“迟延”不足以否认不可挽回的损害。法院指出，众多法院判例表明只有非常严重的迟延才能否认不可挽回的损害。如一年后申请救济并不足以使法院认定不可挽回的损害不存在。[④]但是需要特别注意，美国法院并没有明确规定一个统一的时间为足够严重的迟延，具体问题还是要结合案件本身的情况去论证。笔者认为，原则上来说，一年以内的迟延都不严重，但是不排除案情特殊的也可能构成严重迟延。之所以认为一年以内不严重，是因为美国法律行业从接案到调查，到与被告联系索赔一般都要消耗几个月的时间。最终，法院认为原告在认识到权利受侵犯之后不足两个月申请初步禁令，不能否认不可挽回的损害。

---

① Ty, Inc. v. Jones Grp. , Inc. , 237 F. 3d 891, 903 (7th Cir. 2001).

② Redbox Automated Retail, LLC v. Xpress Retail LLC, 310 F. Supp. 3d 949, 953 (N. D. Ill. 2018); See also Nat'l Fin. Partners Corp. , 2015 WL 3633987, at *13 (2015).

③ Ideal Indus. , Inc. v. Gardner Bender, Inc. , 612 F. 2d 1018, 1025 (7th Cir. 1979).

④ Checker Car Club of Am. , Inc. , 262 F. Supp. 3d at 629, 一年时间的迟延不足以否认不可挽回的损害. See Ixmation, Inc. v. Switch Bulb Co. , Inc. , No. 14 C 6993, 2014 WL 5420273, at *8 (N. D. Ill. Oct. 23, 2014) 四个半月的迟延不足以否认不可挽回的损害; Borden, Inc. v. Kraft, Inc. , No. 84 C 5295, 1984 WL 1458, at *16 (N. D. Ill. Sept. 28, 1984) 五个月的迟延不足以否认不可挽回的损害。

四、申请人与被申请人以及公共利益的考量

如果法院认定存在合理的胜诉可能，且存在不可挽回的损害以及法律救济不足，则法院需要进一步考量申请人与被申请人的利益，在涉及公共利益的情况下还要考量公共利益。[①] 所谓考量申请人与被申请人的利益，是指考量如果法院不批准初步禁令则申请人的损害相较于如果法院批准初步禁令可能会给被申请人带来的损害的大小。

第七巡回上诉法院在众多判例中表明其辖区考量申请人和被申请人利益时采取“滑动尺”的考量方式，即申请人胜诉的可能性越大，则利益平衡对申请人有利的要求就越宽松。[②]利益考量制度的设计初衷在于尽量避免法院错误裁决造成的损失。[③]

在 Chamber of Commerce 案中，申请人主张如果法院同意初步禁令，被申请人的唯一损失是将图标从其产品移除；被申请人则主张损失将会是大量的销售损失，且已经生产出来的肉类产品要将图标移除需要几周时间，将会导致这些肉类产品变质。法院则认为利益衡量的结果是应当支持申请人。首先，无可争议的是申请人的商标已经使用了超过 20 年，即便被申请人主张该商标已经退化，但是被申请人在该案之前没有作出任何努力去主张退化。其次，该案商标非常近似，而产品种类则是完全一样，因此混淆比较明显。在此情况下，申请人胜诉的可能性较大，因而利益平衡考量中对申请人的要求就比较低。法院承认被申请人需要等待两三周的时间，可能导致产品变质，还可能影响客户关系，但是考虑到申请人的胜诉可能性，被申请人的前述可能损失并不能构成过分的负担。法院还指出发布初步禁令能够保护公共利益，“执行商标法能够避免公众对产品产生混淆”[④]。美国联邦最高法院指出，商标的

① Stuller, Inc. v. Steak N Shake Enters., Inc., 695 F. 3d 676, 678 (7th Cir. 2012).

② GEFT Outdoors, LLC v. City of Westfield, 922 F. 3d 357, 364 (7th Cir. 2019).

③ Abbott Labs. v. Mead Johnson & Co., 971 F. 2d 6, 12 (7th Cir. 1992).

④ Eli Lilly & Co. v. Nat. Answers, Inc., 233 F. 3d 456, 469 (7th Cir. 2000).

存在能够促进竞争，并且促进商品质量的保持，因此国会认为给商标以全国范围内的高强度保护是一项公共政策。[①]基于以上分析，法院最终支持发布初步禁令。

五、申请人提供担保

虽然法院已经完成两步走分析框架内的所有考量，认为应当发布初步禁令，但是在发布禁令之前，法院应该指令申请人提供担保——用以弥补错误裁判可能给被申请人造成的损失。第七巡回上诉法院指出，担保的目的在于使得被申请人如果最终胜诉，因为错误发布初步禁令的损失能够得到弥补。[②]对于担保的金额，基层法院拥有自由裁量权。[③]

在 Chamber of Commerce 案中，被申请人公司的负责人向法院声明初步禁令可能给其带来的损失有五部分：第一，其有约 7 万美元的库存，如果禁令发布，其需要重新包装这些产品；第二，被申请人需要两到三周购买新的包装；第三，如果其需要召回产品则会产生损失；第四，迟延交货本身可能导致肉类产品变质；第五，被申请人每周大概销售一万美元的产品。[④] 法院认为，拟发布的初步禁令不要求被申请人召回已经销售并交付的产品；对于库存重新包装产生的费用并不等于产品的总价值；禁令有效期被申请人仍然可以销售产品，只是不能使用新月图案加大写 H 的商标。[⑤] 基于此，法院确定申请人应该提交的担保总金额应为 95000 美元。[⑥]

---

① Park ’N Fly, Inc. v. Dollar Park & Fly, Inc., 469 U. S. 189, 193, 105 S. Ct. 658, 661, 83 L. Ed. 2d 582 (1985).

② Ty, Inc. v. Publications Intern. Ltd., 292 F. 3d 512, 516 (7th Cir. 2002).

③ Monster Energy Co. v. Wensheng, 136 F. Supp. 3d 897, 910 (N. D. Ill. 2015); Gateway E. Ry. Co. v. Terminal R. R. Ass’n of St. Louis, 35 F. 3d 1134, 1141 (7th Cir. 1994).

④ USA – Halal Chamber of Com., Inc. v. Best Choice Meats, Inc., 402 F. Supp. 3d 427, 441.

⑤ USA – Halal Chamber of Com., Inc. v. Best Choice Meats, Inc., 402 F. Supp. 3d 427, 441.

⑥ USA – Halal Chamber of Com., Inc. v. Best Choice Meats, Inc., 402 F. Supp. 3d 427, 441.

六、临时禁令与初步禁令衔接的法律漏洞

如前所述，法院审查临时禁令和初步禁令申请的实质标准是完全一致的，但是由于申请临时禁令和初步禁令的条件差异，会导致其在现实中存在巨大差异。临时禁令的特点是临时性和短暂性，因此制度设计上其是申请人单方面向法庭申请；而初步禁令的申请不能是单方面的，必须事先送达被申请人听证通知。因此，在法院考量临时禁令时会非常形式主义，往往是走流程。而理论上，初步禁令的申请由于有被申请人的反对，则会较为实质化，存在诉辩对抗。

在此类诉讼中，美国律师会巧妙利用制度漏洞避免对抗，获得优势。在此类诉讼中，几乎所有案件申请临时禁令和初步禁令都是上下衔接的。以水气球商标侵权案为例，原告在申请临时禁令时是单方面的，因此法院几乎没有审查。原告于2021年5月27日（延期后的第二个14天的最后一天）立即申请了初步禁令，禁令的动议听证日是2021年6月2日。但是原告在2021年5月31日才将起诉状、传票、临时禁令、听证通知发送给138个被告，因此，即使最勤勉的被告也未能出席初步禁令动议的听证。所以，虽然制度上法院应当通知被申请人，而且听取被申请人的意见，但是现实中法院完全沿用了临时禁令的内容，只是转化为初步禁令之后，禁令的有效期不再是短暂的14天，而是直到诉讼终结。

在存在138个被告，总起诉的金额高达数百万美元的情况下，由于无论是临时禁令还是初步禁令都没有被申请人表达意见，因此法院作出了非常有利于原告的担保金额决定——原告仅需缴纳一万美元的担保金。这个金额对原告有利，但是对被告而言也并非坏事，这将在下一节中详细分析。

第三节　申请解除临时禁令或者初步禁令的案例分析

前面介绍了美国法院管辖权法律规则框架，本节结合水气球商标侵权案分析中国跨境电子商务企业提出解除初步禁令的问题。注意在此类诉讼中，中国跨境电子商务企业被告在收到送达时，法院已经将临时禁令转化为初步禁令，因此申请解除临时禁令没有意义。

一、单方背景下的初步禁令颁布并无终局效果

仅就第 91 号被告东理科技公司而言，原告没有合理的胜诉可能且并无不可挽回的损害，因此法院应当驳回原告的临时禁令和初步禁令申请。即便法院认为需要进行利益平衡考量，结果也应当对被告有利，因此法院不应当作出临时禁令和初步禁令。但是本案中，法院在原告单方面申请的背景下，还是作出了临时禁令，并且在临时禁令最终失效时，再次批准了原告的初步禁令申请。

值得注意的是，按照法律要求初步禁令不能是单方面申请，只能是通知被申请人并且经过听证才能作出。在本案中，原告于 2021 年 5 月 31 日才送达听证通知给包括东理科技公司在内的被告，而听证于 2021 年 6 月 2 日举行，因此客观上导致没有任何被告出席听证，因此法院在未细致分析问题的情况下，流程式地批准了初步禁令。

这并不意味着本案法官发布临时禁令和初步禁令是错误的，因为当时并没有任何被告反对，而第七巡回上诉法院和北区联邦地区法院并没有明确的规则要求法官必须自行审查案件细节（水气球商标侵权案中起诉状附件）。因为美国民事诉讼法秉承的精神是，程序法并不直接生产正义，而是通过给予正当程序的机会给当事人的方式实现正义。

法院在初步禁令中表述的批准理由值得回味："没有任何被告反对初步禁

令的发布。基于和批准临时禁令同样的理由，批准初步禁令动议也是合适的，而且初步禁令的发布没有人反对。”

在法院的原话中，被告没有出庭反对的情形被描述了两次。如果法院仅论证基于临时禁令之理由认定发布初步禁令合适，至此逻辑已经非常完整，但是法官却在完整的逻辑之后再次陈述没有人反对初步禁令。笔者认为这体现了法官在批准初步禁令的时候采取了高度流程化、形式化的审查方式，但是法官内心可能也感觉这样的审查方式不妥，因此再次强调未经反对来正当化自己的做法。

法院在禁令发布之后应当事人的申请解除禁令就没有任何制度上或者心理上的阻碍。在本案中，任何被告均可在诉讼过程中向法院提出解除禁令。质言之，对于法院“错误地”发布初步禁令，其法律上的救济就是被申请人可以随时动议法院解除禁令。一般来讲，申请解除临时禁令动议的情况很少见，因为临时禁令有效期仅 14 天且到期自动失效，所以被申请人动议法院解除临时禁令没有太多现实意义。

二、应当解除临时禁令的实质理由

在本案中，第 91 号被告东理科技公司解除初步禁令动议的理由主要有：第一，原告并未证明存在不可挽回的损害；第二，原告存在充分的法律救济；第三，禁令冻结资金的金额远超保护原告之需求。

1. 原告没有合理的胜诉可能

在本案中，以第 91 号被告东理科技公司为例，原告 Zuru 公司没有合理的胜诉可能。在本案中，原告先申请了临时禁令，随后申请将临时禁令转化为初步禁令，因此，原告申请临时禁令的理由可以与其申请初步禁令的理由放在一起整体分析。在其法律备忘录中原告主张其存在合理的胜诉可能。首先，原告认为本案法院有管辖权。原告认为被告面向包括伊利诺伊州在内的美国市场销售，被告们的网络销售链接针对伊利诺伊州居民，使得他们可以购买假冒的“Bunch O Balloons”水气球产品。原告强调在临时禁令和初步禁令审查阶段，法院应当接受原告的所有事实主张为真。原告援引第七巡回上诉法院的判例称，“在认定原告是否能够证明管辖权时，原告在起诉状中的事实主张应该被接受为真，除非被告的誓证书或者书状附件证明其为假”[①]。法院支持了原告的主张，法院在临时禁令中表示“在审查临时禁令的诉讼初始阶段，原告的证明已经符合要求，因为被告的网络销售面向包括伊利诺伊州在内的美国市场，伊利诺伊州居民可以在网上购买被控侵权产品”。[②] 其次，原告主张其能够举出“初步证据”证明侵权的存在。其理由是：第一，原告拥有合法有效的商标；第二，被告使用商标未得到原告的授权；第三，被告使用原告的商标可能导致消费者混淆商品来源。[③]证明前两者非常容易，原告从2014年开始就在使用该商标，且该商标在美国专利商标局登记注册，根据美国版权法第1057条的规定能够证明商标合法有效；而原告在起诉状中主张其从未向138个被告许可授权其使用商标。在美国法下，第三点也很容易得到证明。“法院不用展开细节的事实分析，假冒商标行为，根据其自身性质，就能够认定其造成混淆。”[④]假冒商品，即贴有与注册商标完全一样或者实质相似图案的商品，能够被推定为造成混淆。[⑤]如果商标相同，而且用在同类以及直接竞争的产品之上，则法院无需做进一步的事实判断，即可认定存在混淆。[⑥]在临时禁令动议中，原告主张“所有的被告都销售仿冒的‘Bunch O Balloons’产品，被告使用的标识至少与原告的一项‘Bunch O Balloons’商标完全一致”，因此，第七巡回上诉法院遵循的七事实因素分析法中的商标相似性、被告意图两项判断结果非常有利于原告。在本案中，原告主张被告使用了其“Bunch O Balloons”商标，而且被告使用商标的产品均是水气球产品，因此商标和产品

---

① Purdue Research Found. v. Sanofi - Sythelabo, S. A., 338 F. 3d 773, 782 (7th Cir. 2003).

② 美国伊利诺伊州北区联邦地区法院，案号21 - CV - 2180，法院案卷目录第14项，临时禁令(TRO).

③ Neopost Industrie B. V. v. PFE Int'l Inc., 403 F. Supp. 2d 669, 684 (N. D. Ill. 2005).

④ Polaroid Corp. v. Polarad Electronics Corp., 287 F. 2d 492, 495 (2d Cir. 1961).

⑤ Bulgari, S. P. A. v. Zou Xiaohong, 2015 WL 6083202, at ＊2 (N. D. Ill. Oct. 15, 2015).

⑥ Topps Co., Inc. v. Gerrit J. Verburg Co., 41 U. S. P. Q. 2d 1412, 1417 (S. D. N. Y. 1996).

种类都相同，所以肯定存在混淆。法院支持了原告的主张发布了临时禁令。

在本案中，对于第91号被告东理科技公司而言，原告在起诉状中的诉称并不符合事实。原告自己的起诉状附件材料以及东理科技公司股东黄卫平的声明可以证实原告主张不实。原告Zuru公司并没有专门针对东理科技公司的事实主张，其主张针对所有的被告。

原告的主张在两个层面上无法成立。首先，大量案例指出法院并不一定非要接受原告在起诉状或者禁令申请中的事实主张。如果原告的事实主张没有最低限度的细节①，而仅仅提供结论式的或者推测性的论断，都不构成对事实的主张，法院无须接受。② 原告主张“所有的被告都销售仿冒的‘Bunch O Balloons’产品，被告使用的标识至少与原告的一项‘Bunch O Balloons’商标完全一致”。原告仅主张所有被告使用的标识与原告的标识完全一致，而没有主张“或者实质上相似”。原告Zuru公司并没有专门针对东理科技公司的事实主张，其主张针对所有的被告。原告并没有给出任何的事实细节，以至于从东理科技公司作为被告的角度，不理解原告所谓被告东理科技公司使用了“Bunch O Balloons”是何意思。③ 由于原告仅提供了结论式的论断，法院可以不接受原告的主张为真。其次，如果被告的誓证书或者书状附件（以及其他证据资料）证明原告事实主张为假，则法院可以不接受原告的事实主张。在本案中原告大量抓取了被告的网络销售页面作为证据，并附在原告的起诉状后。根据原告截图的东理科技公司的销售页面，东理科技公司虽然销售了水气球产品，但是东理科技公司的水气球产品的商标是Eaglefanny，而不是Bunch O Balloons。东理科技公司在产品的销售页面中使用了Balloons字样和Bunch字样，但是两个单词并没有连在一起，更没有用字母“O”来连接。因

① See generally, Ashcroft v. Iqbal, 556 U. S. 662 (2009); and Arreola v. Godinez, 546 F. 3d 788, 797 (7th Cir. 2008).

② Estée Lauder Cosmetics Ltd. v. Partnerships and..., 334 F. R. D. 182, 188 (2020).

③ 当然，由于集束快充水气球产品是原告Zuru公司的前手公司的员工兼股东发明的实用新型专利，客观上来讲，如果原告指控东理科技公司销售侵犯专利的产品（专利已经登记授权，但实体法上不一定有效），东理科技公司是可以理解原告的主张的，但是该案原告并未起诉专利侵权。

此即便东理科技公司分别使用了两个单词，并不构成商标侵权。这是因为原告仅仅主张了商标完全一致，并未主张商标实质性相似。再次，被告销售的产品本身就是水气球，水气球的英文表述并没有另外的生造单词。作为一种在美国很畅销的用来打水仗的玩具，水气球不会单个出售，而是会集束出售，因此，按照英语的一般表达，这样的产品就会被表述为"a bunch of balloons"或者"a bunch of water balloons"。因此，包括被告东理科技公司在内，所有的商家在描述商品时，都不可避免地使用"bunch"和"Balloon"字样，如果这样也认定为侵权，则会妨碍公众正常的语言表达。

基于上述分析，本案中原告并未提供最低限度的事实细节，仅提供了结论式的论断，且原告自己附在起诉状的证据材料证明东理科技公司并未使用原告的商标，基于这一事实，原告没有合理的胜诉可能。因此，法院本不应该发布临时禁令。

2. 原告不存在不可挽回的损害

本案原告主张如果法院不发布临时禁令和初步禁令，其将遭受不可挽回的损失。原告的理由是商誉受损和被告逃避责任。原告认为如果法院不发布临时禁令和初步禁令，原告的商誉将遭受严重的损害，而第七巡回上诉法院辖区的法院已经明确无误地认定商标侵权案件中"商誉的损害是不可挽回的损害"。[①] 原告主张由于绝大多数被告是境外电子商务企业，如果不发布禁令，一旦被告知道其被起诉大概率会转移财产逃避法律责任。

原告主张在本案中，被告假冒原告的商标，会导致原告无法管控产品质量，这是对原告最大的损害。在 Helene Curtis 工业公司案中，第七巡回上诉法院明确指出"在商标侵权案中，对商标权人最大的损害是无法管控由被告

① USA Halal Chamber of Com., Inc. v. Best Choice Meats, Inc., 402 F. Supp. 3d 427, 437 (N. D. Ill. 2019), Re/Max N. Cent., Inc. v. Cook, 272 F. 3d 424, 432 (7th Cir. 2001).

生产的产品的性质和质量”。①原告认为，这种对商誉的损害是事后的金钱赔偿无法弥补的，第七巡回上诉法院的先例支持这一点。②原告主张被告在未获授权的情况下使用商标已经给原告造成不可避免的损失是因为其商誉受损，消费者可能误认为被告的产品是原告生产的从而对该品牌丧失信任。因此给原告导致的销售损失以及消费者对品牌的信任丧失都是不可挽回和不可计算的。在 Ideal 工业公司案中，第七巡回上诉法院维持了基层法院的初步禁令，指出在商誉可能毁损的情况下，“事后的金钱赔偿很有可能不能充分弥补损失”。③在 Promatek 公司案中，第七巡回上诉法院也指出，对商誉的损害是非常难以计算的，因此基层法院发布初步禁令的决定正确。④

除了商誉损失之外，原告还主张本案被告有非常大的可能转移财产逃避责任。首先，本案中的被告是故意侵犯商标权，并且通过假冒行为获得了巨额非法利益。对于故意侵权者在考虑衡平救济时不值得着重考虑。⑤在汉堡王案中，法院指出，故意使用他人商标谋利的人，是其侵权行为导致（禁令）的不利后果，其不能合法主张有通过侵权获益的权利。⑥其次，本案的被告绝大多数是境外电子商务企业，其有很大可能通过转移财产、修改域名、改变运营主体等各种方式逃避责任；电子商务企业运作本来就带有明显的匿名性，更加便利被告逃避责任。比如原告在起诉状中称，被告往往通过设立复杂的公司治理结构和提供虚假地址、账户、公司名称等方式来隐藏公司主体信息，从而规避责任。在此类诉讼中，众多法院的判例尤其是北区联邦地区法院的

① Helene Curtis Industries, Inc. v. Church & Dwight Co., Inc., 560 F. 2d 1325, 1332 (7th Cir. 1977); Int'l Kennel Club of Chicago, Inc. v. Mighty Star, Inc., 846 F. 2d 1079, 1092 (7th Cir. 1988).

② Ideal Indus., Inc. v. Gardner Bender, Inc., 612 F. 2d 1018 (7th Cir. 1979).

③ Ideal Indus., Inc. v. Gardner Bender, Inc., 612 F. 2d 1018, 1026 (7th Cir. 1979); Gateway Eastern Railway Co. v. Terminal Railroad Assoc. of St. Louis, 35 F. 3d 1134, 1140 (7th Cir. 1994).

④ Promatek Industries, Ltd. v. Equitrac Corp., 300 F. 3d 808, 813 (7th Cir. 2002).

⑤ Bulgari, S. p. A. v. Partnerships & Unincorporated Associations Identified On Schedule "A", 2014 WL 3749132, at *6 (N. D. Ill. July 18, 2014).

⑥ Burger King Corp. v. Majeed, 805 F. Supp. 994, 1006 (S. D. Fla. 1992).

判例明确认定法院有固有的在判决前冻结资产的权力。[①]

法院同意原告的上述主张，发布了临时禁令。在临时禁令中，法院认为基于原告提供的多名原告公司工作人员声明文件以及其他证据，能够充分证明存在即将发生的以及不可挽回的损失。“具体地，如果法院不发布单方面申请的禁令，则被告可能修改网络销售页面的数据，更改内容、服务器、网络链接，并且可能将处于美国金融机构中的财产转移。”[②]

在本案中，对于第91号被告东理科技公司而言，原告在起诉状中的诉称以及动议中的主张并不完全符合事实。虽然东理科技公司确实是位于中国境内的企业，如果法院不发布禁令，一旦东理科技公司意识到其将被起诉，那么东理科技公司当然会转移其在亚马逊账户的资金。这一点确实原告的主张和法官的判断都成立。除此之外原告的主张都不成立。第一，原告主张所有的被告都是故意侵权者不成立。本案中至少就东理科技公司而言，根本不存在故意使用原告商标的问题。之所以原告将东理科技公司列为被告，很有可能是其使用了关键词检索直接截取页面，而并非由原告或律师审核了被告的网络销售页面及其他侵权情况。不仅如此，本案第67号被告的页面甚至连Bunch字样也没有出现。第二，原告并没有任何设立复杂公司治理结构，提供虚假地址、账户、公司名称等行为来隐藏公司主体信息，从而规避责任的情形。在本案中，被告提供了准确的东理科技公司的公司名称、公司地址、公司所有人姓名、电子邮件等信息给美国亚马逊平台，完全没有通过任何方式隐匿自己的信息。既然原告可以非常容易地获得东理科技公司的电子邮件，

---

① Lorillard Tobacco Co. v. Montrose Wholesale Candies, 2005 WL 3115892, at *13 (N. D. Ill. Nov. 8, 2005); CSC Holdings, Inc. v. Redisi, 309 F. 3d 988 (7th Cir. 2002); Animale Grp. Inc. v. Sunny's Perfume Inc., 256 F. App'x 707, 709 (5th Cir. 2007); Levi Strauss & Co. v. Sunrise Int'l Trading Inc., 51 F. 3d 982, 987 (11th Cir. 1995); Reebok Int'l Ltd. v. Marnatech Enters., Inc., 970 F. 2d 552, 559 (9th Cir. 1992).

② 美国伊利诺伊州北区联邦地区法院，案号21-CV-2180，法院案卷目录第14项，临时禁令(TRO)。

自然能够获得公司名称等信息。[①]第三，东理科技公司仅在 2018 年 4 月到 5 月之间共向消费者销售了 5 单被控侵权产品，每单一件产品，总销售金额为 74.94 美元，且无任何一单销往美国伊利诺伊州。特别需要强调的是，原告自己提供的截图证据上有日期戳，载明截图时间为 2018 年 5 月 12 日。原告明确知道东理科技公司销售产品的日期在 2018 年，自此以后，东理科技公司再也没有销售任何被控侵权的产品。因此，不存在禁令禁止东理科技公司在 2021 年的经营可以帮助避免不可挽回的损失的问题；至于所谓的已经造成的损失，由于总销售金额仅 74.94 美元，因此无论如何不可能需要冻结东理科技公司六位数美元资金来。

东理科技公司并没有使用原告的商标，可以由原告的起诉状附件证据材料以及东理科技公司所有人黄卫平的声明证明。东理科技公司并没有任何使用复杂公司治理结构和提供虚假信息的方式隐匿身份从而逃避责任。假定东理科技公司销售的产品构成侵权，也没有任何一件产品销往伊利诺伊州，因此法院不得对东理科技公司行使管辖权。虽然如果法院不发布禁令，东理科技公司肯定会转移账户资金，但是前述发布禁令的理由不成立，法院不应该认定原告存在不可挽回的损失。

3. 利益平衡分析支持解除初步禁令

如果申请初步禁令的当事人不能证明合理的胜诉可能、没有足够的法律救济，以及不可挽回的损失的任何一项，则法院必须驳回初步禁令申请。[②] 但是即便法院坚持认为本案原告证明了前述三项条件，仍应当进行利益平衡分析。本案的利益平衡分析对第 91 号被告东理科技公司有利，法院不应当发布禁令。

---

① 美国伊利诺伊州北区联邦地区法院，案号 21 - CV - 2180，第 91 号被告 Eaglecam 的无地域管辖权驳回动议，附件五，黄卫平的声明。

② Girl Scouts of Manitou Council, Inc. v. Girl Scouts of the USA, Inc., 549 F. 3d 1079, 1086 (7th Cir. 2008).

原告主张在本案的利益平衡应该优先原告。在商标侵权案的禁令考量中，法院对于故意侵权者的利益给予较低的保护。法院在考虑衡平救济时认为故意侵权人不值得法院重点保护。[①] 当法院考量双方可能遭遇的困难时，法院一般优先考虑商标持有人。[②]既然被告是故意侵权，那么禁止其销售商品并非剥夺被告的合法利益，相反，仅仅是禁止被告本来就不应当从事的侵权行为。[③]在本案中，原告主张所有的被告都是故意侵权者，因此，基于以上判例，自然应该优先考虑原告。被告主张按照 Malarkey – Taylor Assocs. 案的规则，如果利益损害是来自被告的侵权行为本身，那么法院自然不应当优先考虑被告。[④]值得注意的是，原告在其临时禁令动议法律备忘录利益平衡节的最后一句话要求的是“终止侵权行为”，并不明确包括“冻结资金”部分。

原告还主张，基于公共利益的考量，也应该作出对公共利益有利的裁决，发布禁令。联邦法院判例一致认为“商标法并不是仅保护个人的财产权，而且还保护公众不受欺骗和误导”。[⑤]通过允许商标持有人控制商品质量，商标法实现了公共利益。[⑥]法院通过保护整个知识产权系统的完整性来维护公众的最大利益。[⑦]因此，原告主张公众有权不被欺骗和诱导，因而如果允许被告继续销售仿冒产品，将会损害公共利益，而临时禁令和初步禁令就是维护公共利益的有力武器。[⑧]

法院支持了原告的申请。在临时禁令中，法院认定如果不发布禁令，原告遭受的损失将会大于发布禁令使被告遭受的损失。法院还进一步指出发布

---

① Bulgari, S. p. A. v. Partnerships & Unincorporated Associations Identified On Schedule " A", 2014 WL 3749132, at ∗6 (N. D. Ill. July 18, 2014).

② Krause Int'l Inc. v. Reed Elsevier, Inc., 866 F. Supp. 585, 587 – 88 (D. D. C. 1994).

③ Burger King Corp. v. Majeed, 805 F. Supp. 994, 1006 (S. D. Fla. 1992).

④ Malarkey – Taylor Assocs., Inc. v. Cellular Telecomms. Indus. Ass' n, 929 F. Supp. 473, 478 (D. D. C. 1996).

⑤ Stahly, Inc. v. M. H. Jacobs Co., 183 F. 2d 914, 917 (7th Cir. 1950).

⑥ James Burrough Ltd. v. Sign of the Beefeater, Inc., 540 F. 2d 266, 274 (7th Cir. 1976).

⑦ Shashi, Inc. v. Ramada Worldwide, Inc., 2005 WL 552593, ∗4 (W. D. Va. Mar. 1, 2005).

⑧ 美国伊利诺伊州北区联邦地区法院，案号 21 – CV – 2180，法院案卷目录第 8 项，临时禁令动议法律备忘录。

禁令不会影响公共利益。①

但是对于第 91 号被告东理科技公司而言，法院认定原告遭受的损失将会大于发布禁令使被告遭受的损失是错误的。第一，原告未向法院提示东理科技公司的销售发生在 2018 年 5 月，此后，东理科技公司没有任何涉案产品的销售行为，因此发布禁令不会起到任何防止原告损失的作用。第二，即便本案涉案产品的销售系侵权行为，涉案产品的总销售额为 74. 94 美元，法院将各种赔偿甚至惩罚性赔偿的金额以百倍计算，也仅有 7494 美元。那么禁令发布给原告带来的止损效益应为 7494 美元，但是发布禁令给东理科技公司造成的损失远超该金额。在本案中，东理科技公司是一家典型的家庭运作的小微企业，全部员工仅 4 人，均依赖其亚马逊网店的销售维持日常生活。由于法院的禁令，导致东理科技公司长达 4 个月无法获得任何销售收益，而且亚马逊账户内的六位数美元资金被冻结，因此东理科技公司只能辞退 2 名员工，而东理科技公司的所有人黄卫平只得借贷度日。因此法院的禁令给东理科技公司造成的损失是巨大的。第三，本案原告怠于行使权利，拖延 35 个月才提出诉讼的行为也证明其获得禁令的紧迫性不存在。在本案中，根据原告提供的被告网络销售链接截图，其时间戳是 2018 年 5 月 12 日，但是原告在 2021 年 4 月 22 日才提起诉讼。在长达 35 个月的时间里，原告既没有起诉，也没有联系被告停止侵权，这样的拖延证明根本不存在所谓的紧迫性。基于以上三个理由，利益平衡考量的结果应该是禁令发布会给被告造成巨大损失，因此不应发布禁令。

四、被告东理科技公司申请解除初步禁令策略

在动议法院解除初步禁令的时候，东理科技公司采用了重点突破的策略，除了前述法院分析框架中的因素之外，东理科技公司重点论证两个方面的问题。首先是针对东理科技公司而言，原告起诉和申请禁令存在长达 35 个月的

① 美国伊利诺伊州北区联邦地区法院，案号 21 - CV - 2180，法院案卷目录第 14 项，临时禁令（TRO）。

不合理迟延；其次是东理科技公司并不期望法院完全解除禁令，而是争取法院明显降低冻结资金的额度，因为东理科技公司销售的所谓侵权产品总金额非常小。之所以重点突破这两个问题，是因为这两个问题揭示的事实恰好是法院在发布禁令时不知情的。第一，法院并未逐项审查原告提供的所有被告的网络销售页面的截图，因此法院不知道东理科技公司仅在 2018 年销售了一个月的被控侵权产品。第二，法院并不知道东理科技公司自始至终销售的被控侵权产品总金额仅 74.94 美元。这两个事实决定了法院虽然不会批准解除禁令，但是大概率会准许明显调低冻结金额。如果法院批准较低的冻结金额，则原告继续追究东理科技公司的侵权责任失去了战略意义。

1. 运用不合理迟延证否不可挽回的损失

在本案中，原告行使权利的不合理迟延证否了所谓不可挽回的损失。本案原告在知道所谓权利受到侵害时开始，长达 35 个月的时间未采取任何行动。第七巡回上诉法院指出在商标侵权案中，商标权人不合理的迟延申请禁令导致所谓不可挽回的损失存疑。① 不合理、无法解释的迟延也可以否认所谓发布禁令的衡平救济的紧迫性。② 考虑到禁令本身也是一种非常规的救济措施，不合理的迟延是法院拒绝批准禁令的理由，因为不合理的迟延说明不存在紧急状况。③ 有判例指出，仅考虑迟延本身而不考虑其他因素，就可以推翻所谓不可挽回的损害的推定。④ 在 Tough Traveler 案中，法院认定超过 9 个月的迟延足以认定不存在不可挽回的损失的推定。⑤

原告起诉时在起诉状后附上了证据资料附件，其中关于东理科技公司的是其网络销售页面截图，而截图的日期戳显示为2018 年5 月 12 日。除此图片

① Ty, Inc. v. The Jones Group, 237 F. 3d 891, 903 (7th Cir. 2001).

② Michigan v. United States Army Corps of Eng'rs, 667 F. 3d 765, 788 (7th Cir. 2011).

③ Newdow v. Bush, 355 F. Supp. 2d 265, 292 (D. D. C. 2005).

④ See E. g., Voice of the Arab World, Inc. v. MDTV Med. News Now, Inc., 645 F. 3d 26, 35 (1st Cir. 2011).

⑤ Tough Traveler v. Outbound Prods., 60 F. 3d 964, 968 (2d Cir. 1995).

之外，原告再无任何其他证据可以证明东理科技公司的侵权行为。结合东理科技公司股东兼所有人黄卫平的声明，东理科技公司仅在 2018 年 4 月至 5 月之间销售过该被控侵权产品，在此之后再无任何销售行为。黄卫平的声明能够与原告提供的证据相互印证，不仅证明了销售的时间，还证明了原告知悉其所谓商标权和著作权受到侵犯的时间。黄卫平的声明还证明了本案是原告第一次向东理科技公司主张权利，在原告知悉其权利受到侵害之日起，长达 35 个月的时间，原告没有任何行使权利保护自身利益的行动。

适用以上判例法规则，本案中有三个事实说明原告维护其权利的迟延是不合理的和无法解释的，因此本案不存在不可挽回的损失。第一，原告迟延的时间特别长。不仅本案原告迟延的时间特别长，而且北区联邦地区法院在适用不合理的迟延规则时，对迟延的认定较为严格。众多北区联邦地区法院的判例表明，原则上超过一年以上的迟延都会导致法院认定不存在不可挽回的损失。在美国法下，提供衡平救济都要求案件情态的紧迫性。临时禁令和初步禁令都是一种非常规的衡平救济措施。本案原告的迟延长达 35 个月，明显与原告要求提供禁令的衡平救济存在矛盾。第二，原告有充分的机会和时间维护其权利。在北区联邦地区法院系统检索，原告在 2019 年以其他被告侵犯其“Bunch O Balloons”为由提起了两起诉讼，分别起诉了 496 个被告和 475 个被告，但是却未将东理科技公司列入这两个案件。这说明原告有充分的机会和时间尽早起诉东理科技公司，但是原告并没有起诉。第三，本案对众多被告的网络销售页面进行截图存证的并非原告公司内部人员，而是一家位于马来西亚的专门为律所提供诉讼周边服务的外包企业。这说明原告有聘请外部公司提起诉讼的意图，也说明原告非常清楚自己可以通过诉讼维护自身权利，而且截图的时候就已经聘请了律师。在此情况下，原告长时间的迟延就更没有合理的理由。因此，原告不合理迟延证明不可挽回的损失不存在。

2. 要求法院降低冻结资金

本案被告东理科技公司销售被控侵权产品的总金额非常低，而且东理科技公司并未直接使用“Bunch O Balloons”商标。首先，原告和法院都不能确切地认定东理科技公司侵权；其次，即便法院认为东理科技公司有侵权嫌疑，其被冻结的资金金额也明显不合理。法院在进行禁令审查的时候并未细致考量，并不知道东理科技公司被冻结的资金金额。

在本案中，原告提供的证据材料、东理科技公司所有人黄卫平的声明、东理科技公司亚马逊网店的销售记录均可以证明东理科技公司自始至终仅销总共 74.94 美元的被控侵权产品；东理科技公司的销售时间跨度仅一个月；东理科技公司自行停止了销售被控侵权产品。因此，在销售总金额如此低的情况下，法院没有理由不批准东理科技公司要求降低禁令冻结金额的要求。

在本案中，原告主张了三种损失，分别是实际损失、法定损失和惩罚性赔偿。按照美国商标法的规定，法院有权按照被告侵权的故意程度、销售时间、销售金额等因素确定法定损害赔偿的金额，其中侵犯一项商标的赔偿上限是 3 万美元，但是如果法院认定被告故意侵权非常恶劣，则可以确定不超过 15 万美元的赔偿。惩罚性赔偿则是在被告恶意侵权情况下，法院根据判例法作出的带有惩戒性质的赔偿金额，其金额变化幅度很大。虽然本案涉案产品销售总额仅有 74.94 美元，原告仍可以主张法定损失和惩罚性赔偿，因此可能主张本案冻结六位数美元资金是合理的。

但是原告的主张不能成立。首先，这里的法定损失已经明显带有惩罚性质，因此，原告没有理由既主张法定损失又主张惩罚性赔偿。其次，东理科技公司明显不存在恶意侵权问题，因为东理科技公司并未直接使用原告商标；其使用 Bunch 和 Balloons 字样也可以论证为合理；东理科技公司的销售时间和销售规模非常小，且东理科技公司自己主动停止了销售。无论是法定损失还是惩罚性赔偿，法院都没有必要按照法律的限额去确定。再次，联邦最高法院明确指出禁令冻结资金不能指向法定损失的赔偿①，即法院不能在发布禁令的时候依照法定损失的可能金额确定冻结资金金额。联邦最高法院强调如果

① Grupo Mexicano de Desarrollo v. Alliance Bond Fund, 527 U. S. 308, 310 (1999).

原告仅主张法律赔偿而未主张衡平救济，则基层法院不能发布禁令。[①]毫无争议，美国商标法下的法定损失赔偿是典型的法律赔偿。[②]因此，原告不得基于其可能获判高额的法定损害赔偿金要求冻结明显高于其实际损失的资金。在Klipsch集团公司案中，被告的誓证书表明被告销售被控侵权产品的总金额为6346.4美元，利润在100美元左右，在此情况下，法院认定原来冻结的高额资金不合理，在原告强烈反对的情况下，法院按照利润的20倍，即2万美元设定了冻结金额。[③]在本案中，东理科技公司的总销售金额为74.94美元，即使假定销售额的大部分均为利润，并且按照Klipsch案的算法加倍以40倍利润算，设定冻结资金为3000美元是比较合理的（东理科技公司愿意支付的和解金额远高于3000美元）。

因此，东理科技公司的主要策略是不坚持法院解除全部禁令冻结，而是请求法院结合案情确定一个较低的冻结金额。本案中的3000美元金额比较合理，有可能得到法院支持，即便法院不支持，估计法院确定的冻结金额也不会超过1万美元。这个推测有三方面原因：第一是本案东理科技公司的所谓侵权行为的确非常轻；第二是法院之前确定的原告因为申请禁令而要缴纳的担保金仅为1万美元；第三是最为关键的原因，是本案主审法官帕库在一件类似的案子中以大致利润的15倍确定了冻结金额，可以合理地推测帕库法官大概率会同意不超过1万美元的冻结金额。[④] 事实证明，东理科技公司采用的策略是非常成功的。在东理科技公司的律师向原告律师发送动议副本，并且在电子邮件中援引帕库法官的前述命令之后，原告律师立即妥协，接受东理科技公司提出的很低金额的和解方案。

---

① Grupo Mexicano de Desarrollo v. Alliance Bond Fund，527 U. S. 308，331（1999）.

② Klipsch Grp.，Inc. v. Big Box Store Ltd.，2012 U. S. Dist. LEXIS 153137，at ＊20（S. D. N. Y. Oct. 24，2012）.

③ Klipsch Grp.，Inc. v. Big Box Store Ltd.，2012 U. S. Dist. LEXIS 153137，at ＊6（S. D. N. Y. Oct. 24，2012）.

④ 美国伊利诺伊州北区联邦地区法院，案号19－cv－4565，案卷第244项法庭命令。

小　结

美国民事诉讼法下的临时禁令和初步禁令是一种非常规的衡平法的救济手段。临时禁令制度在此类诉讼中对中国跨境电子商务企业非常不利。在临时禁令是单方面申请，初步禁令由临时禁令转化而来的情况下，美国法院往往更倾向于支持原告发布禁令，这对中国跨境电子商务企业既不利又不公平。在此类诉讼中，虽然可能存在一部分被告实施了侵权行为，但不代表全部被告都有侵权行为，且即便实施了侵权行为，也不一定应当向原告赔偿其主张的金额。因此，中国跨境电子商务企业应该积极应诉维护自身权益。

同一起诉讼中，不同被告的情况可能存在明显差异，原告在起诉状和禁令动议中的事实主张对部分被告而言往往不实，因此被告应该结合自身的情况，向法院主张有利于自己的事实，争取法院解除禁令或者明显降低冻结金额。从诉讼策略来说，如果法院同意明显降低冻结金额，则被告可以迫使原告和解。

第六章　中国跨境电子商务企业在美国应诉的整体策略

第二章到第五章结合水气球商标侵权案中第 91 号被告的情况进行了分析。通过案情与法律规则的分析，展现了美国法地域管辖权规则、送达规则、当事人合并规则、临时禁令与初步禁令的申请与解冻规则在司法实践中如何运用。东理科技公司的情形有一定代表性，但是不一定能够代表在此类诉讼中，中国跨境电子商务企业作为被告的所有情况。因此，第二章到第五章的分析更侧重于针对东理科技公司一个被告的情况进行分析，而本章则从宏观的角度基于所有被告可能遇到的情形，阐述中国跨境电子商务企业可以采取的策略。另外本章还介绍和分析美国法下的判决要约制度和基于未能陈述有效诉因的直接驳回动议制度。

第一节　各种抗辩的应用方式

一、无管辖权抗辩的运用

在此类诉讼中，中国跨境电子商务企业应该首先提出的抗辩是受案美国法院无地域管辖权。此类诉讼的典型情境有：第一，中国跨境电子商务企业在中国登记经营，但是公司没有在美国开展经营活动（少数企业除外）；第二，使用美国电子商务销售平台或自营网站和支付平台；第三，面向美国各州客户销售，客户不集中于某一两个州。按照美国法现有的规则，原则上来说这样的情境下美国法院缺乏对中国跨境电子商务企业的地域管辖权。因此，积极主动提出无地域管辖权抗辩是绝大多数中国跨境电子商务企业的有力法律武器。

前面是基于一个特定的被告——第 91 号被告东理科技公司的具体情况进行分析，但是并非所有被告均和东理科技公司的情况相似，分析有一定的代表性但是不全面。因此，基于此类诉讼中中国跨境电子商务企业较为可能的情形，在不同的情境下，如何认定美国法院对管辖权进行判定，并提出相对应的应对策略也颇有必要。

由于美国法院对外州被告的地域管辖权分为一般管辖权和特殊管辖权，两者标准不同，因此分两种情况讨论。一般管辖权考虑的是被告与本州的持续性联系，其联系必须强到该外州居民身处本州大致是“在家”的程度。要符合该标准，具体来说有几种情形：第一，按照本州的州法在本州登记注册；第二，主要营业地位于本州，即便经营本身是临时的；第三，不符合前述两种情况，经营网店面向本州销售的收入比例较大（大于 10%）且与本州存在其他联系，包括但不限于开设服务中心、开设办事处、雇佣销售代表、专门针对本州进行广告宣传等；第四，不存在前三种情况，但是公司的股东、董事或者高级管理人员亲临本州，且在本州境内被送达。中国跨境电子商务企业可以对比前述四种情形，尽量避免美国法院对企业行使一般管辖权。

前两种情形，即企业在美国一州登记注册或者作为主要营业地开展经营活动，这种情形在中国跨境电子商务企业中比例很少但是绝对数量不小。这两种情况下则中国企业不可避免美国法院的管辖，但中国企业可以选择登记注册地和主要经营地来规避诉讼风险。第一，在考虑税收优惠、货运方便等经济要素的同时，尽量选择法院倾向于被告、倾向于限制管辖权、倾向于不发出临时禁令的州。第二，尽量避免此类诉讼大规模出现的州，如伊利诺伊州和纽约州。

对于不在美国登记注册和经营的中国跨境电子商务企业，应该注意以下几点避免前述第三种情况下美国法院的管辖。第一，在面向美国市场销售时，注意销往各州的商品的量和金额是否存在明显的不平衡①，比如销往某一个州的产品占总销售量或者金额的50%以上，或者面向伊利诺伊州、纽约州超过10%。第二，如无必要，不要在美国设立服务中心或者办事处、雇佣销售代表、针对某个州进行广告宣传，如果确有必要，也要避开伊利诺伊州和纽约州等。第三，如果需要在美国境内设立仓库或者转运中心，尽量使用平台的代理服务或者使用其他独立主体的服务，不要自行设立和运营仓库或转运中心。第四，如无必要，公司的股东、董事和高级管理人员不要赴美国旅游或者办事，避免在美国的某州内被送达。

美国法院特殊管辖权的行使比一般管辖权的要求低，但是不代表中国跨境电子商务企业不能主张无管辖权抗辩。特殊管辖权要求原告起诉被告的案件事实本身即是能确立美国法院特殊管辖权的事实，因此，即便如本案中东理科技公司的确销售了较大量的产品到伊利诺伊州，但是由于这些产品与原告起诉的侵权内容完全无关，因此北区联邦地区法院也不得行使特殊管辖权。基于此，中国跨境电子商务企业需要注意以下几点：第一，在面向美国市场销售之前在美国专利商标局数据库进行检索，杜绝冒用他人商标的销售活动；第二，跟卖热销产品之前一定要做好合规和风险审查，适度扩大商标专利的检索范围；第三，自己拍摄和修饰产品照片，不要在互联网上直接下载产品图片；第四，对于任何自己销售的产品本身可能涉及权利瑕疵的，特别注意来自伊利诺伊州和纽约州的消费者订单；第五，如果面临诉讼，第一时间收集整理自己的销售记录，并区分非涉案产品和涉案产品分别销往诉讼所在州的情况，如果无涉案产品销往诉讼所在州，及时提出法院无管辖权的抗辩。

① 当然，销售在美国50个州平均分布是不可能的，但是某一两个州比其他经济发展水平差不多的州明显高时，企业应当注意。

二、无效送达抗辩的运用

1. 向原告提出反对并提供地址

在此类诉讼中，原告单方面申请法院批准电子邮件送达，法院流程式地批准原告的申请已经成为常态。即便是立场非常倾向于适用《海牙送达公约》的戈特沙尔法官等，也经常批准使用电子邮件送达。但按照戈特沙尔法官为代表的主流裁判思路，法院批准原告的单方面申请并不具有终局性，并不代表被告不可以出庭挑战送达的效力。因此，中国跨境电子商务企业应该采取策略反对原告电子邮件送达。

美国法院主流观点认为原告有初步的勤勉义务，应该在提出电子邮件送达之前尝试《海牙送达公约》下的送达方式或者查询被告地址。在此类诉讼中，原告经常不会进行初步查询。针对这种情况，中国跨境电子商务企业被告可以提出原告未尽勤勉义务，尤其是被告有在美国电子商务平台登记真实准确地址或者公布准确地址的情况下。

中国跨境电子商务企业被告还可以通过勤勉反对的方式加重原告的义务。在收到原告电子邮件送达之后，提出基于无效送达的驳回动议之前，被告可以电子邮件回复原告明确反对原告电子邮件送达，并主动提供真实地址。注意在电子邮件回复原告时，只争议纯程序性事项，如管辖权、送达等，尽量不要争议甚至承认实体事项。

有少数中国跨境电子商务企业在美国登记注册，这种情况也要提出反对。只要企业并非登记在法院所在州，这些企业也应当及时提出反对。只是此种情况下的企业从法律上来讲属于美国企业，而非中国企业，不能援引《海牙送达公约》提出无效送达抗辩。但是仍有理由对送达提出异议。首先，美国各州登记企业都必须提交明确的诉讼代理人（Process Agent，非汉语意义的律师诉讼代理人）专门负责接收诉讼文件。因此，属于这种情况的，原告完全没有理由进行电子邮件送达。即便是达肯法官这样的少数派也非常可能支持送达无效。其次，美国民事诉讼法的精神是送达是一项带有宪法意味的诉讼活动，原则上来说只能直接送达，其他各种送达方式都是例外性制度。既然被告系美国企业，且有明确的地址，对这些企业的送达只能是直接送达。此情况下，还可以同时提出地域管辖权的异议。

2. 是否提出基于无效送达的驳回动议的考量因素

本书分析的主要抗辩是此类诉讼中较为常见的有利于被告的抗辩，原则上来说，中国跨境电子商务企业在遭遇此类诉讼时均可提出本书分析的各种抗辩。但是以《海牙送达公约》为依据的无效送达抗辩与其他抗辩稍有不同，因此，原则上来说其他抗辩都应提起，而无效送达抗辩是否提出则应具体情况具体分析。

在此类诉讼中，原告经常主张被告销售假冒商品并且通过各种方式隐匿地址和身份逃避责任。北区联邦地区法院的达肯法官甚至认为在互联网上存在从美国境外销售假冒产品的“大流行病”。客观地说，也确实有部分中国跨境电子商务企业故意或者重大过失地销售假冒商品，也有部分企业通过向电子商务平台提供虚假身份信息、地址信息，以及金融账户信息，并通过层层设立多种公司结构等方式逃避责任。对于有此种情形的中国跨境电子商务企业，要尽量避免向美国法院提出基于无效送达的驳回动议。因为美国诉讼程序下的证据开示手段丰富且有效，存在恶意规避行为也很容易被原告和法院查出来。一旦法院发现被告存在隐匿地址等信息的行为，不但基于无效送达的驳回动议不会被法院通过，而且还会影响被告企业提出其他抗辩。即便如此，本书分析的其他抗辩动议还是可以提出，如无管辖权抗辩、解除冻结动议等，因为即使中国企业故意侵权，不代表其不能正常行使诉讼权利，这些动议即使被法院驳回，原则上也不会产生负面影响。

中国跨境电子商务企业是否提出基于无效送达的驳回动议，还应考虑审理案件的法院以及具体负责的法官的态度。基于较大规模的检索，目前美国法院中得克萨斯州、加利福尼亚州是比较倾向于严格适用《海牙送达公约》

的，伊利诺伊州、纽约州和佛罗里达州是比较倾向于法院有很大的自由裁量权决定如何适用《海牙送达公约》的。而在伊利诺伊州北区联邦地区法院内部，戈特沙尔法官、常法官和阿斯本法官比较倾向于严格适用《海牙送达公约》。达肯法官比较倾向于法院自由裁量支持电子邮件送达。北区联邦地区法院的其他法官的态度不明朗。因此，如果是诉讼在倾向严格适用《海牙送达公约》的法院或者法官，则中国企业应当积极主动提出基于无效送达的驳回动议；如果是倾向于支持电子邮件送达的法院或者法官，原则上应该提出基于无效送达的驳回动议，但应当考虑律师费等诉讼成本。

从国家利益层面考虑，在案件事实本身对中国企业有利但是审案法官是达肯法官这样的少数派时，可以考虑不计成本提出动议，待法院作出驳回裁决则上诉到联邦巡回上诉法院。这样可以争取形成对中国企业有利的高级别判例。

3. 提出组合拳驳回动议

在提出基于无效送达的驳回动议时，中国跨境电子商务企业应该考虑动议的组合的问题。基于动议的性质，有的动议如果事实有利但是提出太晚，可能导致法院驳回，如在 Hangzhou Chic 案中，达肯法官认为虽然被告提出的不当合并问题于法律上可能成立，但是被告在该案中采用“多次就餐”的诉讼策略——分不同时间多次提出动议，纯粹为了拖延时间，因此达肯法官直接拒绝了不当合并驳回动议。而基于抗辩需要，如果被告要提出无管辖权等纯粹程序性抗辩，则涉及实体内容的抗辩不能提出，否则可能构成对纯程序性抗辩的放弃。

本书分析的各种抗辩中，无管辖权抗辩和无效送达抗辩是典型的纯程序性抗辩，而且还是结案性抗辩动议。按照美国联邦民事诉讼规则第 12 条 b 款的规定，无管辖权抗辩和无效送达抗辩可以在答辩前或者答辩时提出，提出时既可以是在答辩状中提出，也可以在答辩状之外另提交动议文件，但是无管辖权抗辩和无效送达抗辩不可以在答辩后提出或者提出任何实体抗辩之后提出。因此，本书的所有抗辩之中，无管辖权抗辩和无效送达抗辩应该最早提出。按照美国联邦民事诉讼规则第 12 条 b 款的规定，虽然被告有义务在送达之日起 21 天内提交书面答辩状，但是如果被告提出无管辖权抗辩和无效送达抗辩的驳回动议的，则该 21 天期限中止，直到法院对驳回动议作出裁判并对被告指示为止。因此，如果中国跨境电子商务企业被告要提出无管辖权抗辩和无效送达抗辩，应当同时最早提出，早于答辩提交和其他动议提交；如果不提出无管辖权抗辩的，则应最早提出无效送达抗辩。

三、合并被告不合法抗辩的运用

1. 提出合并不适当抗辩的理由

美国联邦民事诉讼规则第 19 条、第 20 条和第 21 条分别规定了当事人的强制合并、任意合并和不当合并的后果，其中强制合并的规则与此类诉讼无关。任意合并规则是此类诉讼适用的基本法律规则，按照其规定，原告只有在起诉被告的诉因（事由）基于相同交易或者事件，以及在所有被告之间存在相同的法律或者事实问题时，才可以合并被告。按照该规则的规定，中国跨境电子商务企业在遭遇诉讼并合并时，得反驳以上两个条件，进而论证合并被告不合理，从而获得救济。

中国跨境电子商务企业在遭遇诉讼时应当第一时间下载原告的起诉状及其附件，结合起诉状和附件内容，确定原告是否主张了众被告之间的关联事实，以及原告是否针对单个被告主张了任何具体的事实。根据经验，一般来说，从事此类诉讼的美国律师不会去具体分析每一个被告的情况，因此，一般来说都不会有针对单个被告的具体事实主张。此类诉讼中的被控侵权大致可以分为三类：侵权、与侵权沾边、完全不侵权。从原告的视角来看是：主张有道理、主张并非完全无理、主张纯属胡说八道。之所以要从原告的视角来看，是因为原告律师有职业道德的义务，不能提起完全没有理由的诉讼。在此情况下，中国跨境电子商务企业应该核实自己是属于哪一种情况，从而制定应诉策略。

即便是第一种情况也不能直接放弃，仍然可以提出合并不适当的动议。此处要看侵权销售额的大小以及被冻结资金金额的大小，如果两者金额都较大，可能需要更多从管辖权等方面提出动议，合并不适当作为补充；如果两者金额比较小，则可以把合并不适当作为一个主要抗辩方向。

如果属于后面两种情况，则应当在研究起诉状附件——网络销售页面截图的情况下，重点提出两个问题：第一，案件中其他被告的情况与我方明显不一样，如商标侵权案中，我方根本没有使用与原告商标近似的图案和表达，而存在其他被告有完全一样的表达；第二，案件中我方与案件的其他被告没有任何联系，既不认识也没有任何沟通交流协作——这一点可以通过我方企业运营人员的声明来证实。尤其是我方非常确定不侵权的情况下，可以明确基于原告的附件证据和被告的声明，明确指出我方根本就不侵权，自然不存在通过互联网隐匿身份获得非法利益的情况。如此，则我方可以论证我方与其他被告的被控行为并非基于相同交易，因为没有意思联络；我方根本没有侵权行为，即便按照达肯法官的裁判思路，也不能认定为相同事件。因此可以证明原告合并我方到众多被告中不适当。

2. 提出合并不适当抗辩的效果分析

由于美国法院对于美国联邦民事诉讼规则第 20 条的理解存在分歧，因此不同的裁判思路下，不当合并动议胜利产生的效果是不一样的。如果在常法官的裁判思路下，法院非常有可能会直接自行审查合并是否适当的问题，即便法院允许了合并，事后被告也更容易说服法院接受合并不适当，也有更大的可能性直接驳回原案或者迫使原告撤回对大多数被告的诉讼。如果在达肯法官的裁判思路下，则如果被告的论证充分，法院可能准许分开审理，但是分开审理的方式是仅把出庭提出合并不适当应当分开审理的被告分出来，其余被告仍然合并在原案件。

即按照常法官的思路，被告不适当合并动议获胜会导致整个案件被驳回或者针对绝大多数被告的诉讼被驳回；而在达肯法官的思路下，只是案件被分开审理，增加了原告的诉讼成本，无论是被分开的被告还是其他被告，案件都继续进行。即便如此，中国跨境电子商务企业仍应主动提出合并不适当的动议，因为这样做可能现实中产生高于法律规则所能带来的效果。

首先，并非所有的法官都明确遵从常法官或者达肯法官的裁判思路，有很多法官目前采用的是“拖字诀”——通过允许原被告延期日程，促使双方和解，从而避免就美国联邦民事诉讼规则第 20 条的适用表态。比如在帕库法官审理的 KAG 案中，在被告出庭并提出合并不适当的动议并附法律意见书之后，原告应该在法院制定的日期提交反对意见的法律意见书，但是原告未能提交，反而三次请求延长提交反对意见的法律意见书，而帕库法官居然允许了。一般来说，允许一到两次是比较常见的，但是帕库法官居然允许了三次，应该是法官预计当事人可能和解，因而有意识地给予当事人时间，案件最终也在原告和动议被告之间和解。考虑到当时是在被告有针对原告的动议未裁决的情况下和解，按道理被告应该获得了较为满意的结果。

其次，此类诉讼中的原告律师在经过几次“收割式”诉讼挣快钱之后，已经无心踏踏实实通过诉辩抗争的方式来获得报酬，因此，只要被告的态度足够强硬并且提出一系列动议，原告律师就疲于应付，自然会以一个较为优惠的条件与提出动议的被告和解。举例说明，著名的 GBC 律所最近七八年专门从事此类诉讼，其不足百名律师的律所年收入居然远超律师数超千人的律所，在此种情景下，与其和某一个具体被告打法律战，不如另外提起诉讼挣钱快。如果原告律师面对的是侵权销售额或者被冻结资金额度较小的被告，则没必要浪费时间。

再次，中国跨境电子商务企业被告在提出合并不恰当应该分开审理的动议时，可以将该动议与原告未能陈述有效动因动议结合起来，即便是达肯法官也存在直接驳回起诉的可能性。美国联邦民事诉讼规则第 21 条的规定对于不当合并，法律上的救济应该是分开审理，而非驳回起诉，但是“原告仅仅提供结论式的或者推测性的论断，都不构成对事实的主张，则法院无须接受”。① 因此，如果原告的起诉状的主张的确非常宽泛，不包含最低限度的具体事实，则通过有效动因动议和不当合并的动议相结合，可能使得法官直接驳回起诉。

最后，某一跨境电子商务企业被告如果工作足够细致，不仅能够证明自己与其他被告存在巨大差异，还能证明众多被告之间存在巨大差异，也许可以基于整个合并就根本不适当，向法官主张仅分开审理本被告的救济还不够，合理的救济应该是直接将所有能够证明存在巨大差异的被告分开审理或者驳回诉讼。这个思路仅是笔者提出，目前尚未发现任何判例验证这个思路，这个思路的法律缺点是，法院可能认为一个被告仅能代表他自己，没有资格代表其他被告提出主张。但是笔者认为，如果遵循常法官的思路，认为法院可以自行审查合并适当问题，则资格问题不是问题，因为该被告提醒了法院全体被告之间的巨大差异之事实，则无须该被告代其他被告主张，法院可以自行审查。

四、解除禁令动议的运用

1. 多角度挑战法院批准禁令的正当性

在此类诉讼中，对中国跨境电子商务企业相当不利的情形是诉讼程序前期的“单方性”，一是临时禁令动议的审查是单方的，二是其他各种程序只要被告不出庭应诉法院都会流程式地接纳原告的主张。正是因为如此，法院会经常性地批准原告的各种请求，比如发布禁令、允许合并众多被告。即便如此，并不能指责法院裁判错误，因为诉讼程序保障公平的“机会”而不直接实现正义是美国法的一贯立场。所以，在此类诉讼中，中国跨境

① See generally, Ashcroft v. Iqbal, 556 U. S. 662 (2009); and Arreola v. Godinez, 546 F. 3d 788, 797 (7th Cir. 2008).

电子商务企业应当尽力应诉，并从任何可能成立的角度去挑战法院发布禁令的正当性。

首先，中国跨境电子商务企业可以挑战原告送达初步禁令听证通知的迟延。不同于临时禁令的单方申请，美国联邦民事诉讼规则第65条a款明文规定初步禁令必须通知被申请人。作为惯常流程，此类诉讼的原告在获得临时禁令之后首先是向亚马逊、Paypal等机构送达禁令，完成这项工作需要时间，因此原告会申请临时禁令延期或者申请初步禁令。原告需要临时禁令与初步禁令无缝衔接，避免被告转移财产。现实中往往会出现原告送达初步禁令听证通知特别晚的情形，因为一则需要送达的被告很多，二则原告不希望太早送达通知给被告以免被告出席听证反对。如在Zuru案中，原告送达初步禁令通知给第91号被告东理科技公司的日期是2021年5月31日，而初步禁令动议的听证日期是在2021年6月2日。不排除对于其他被告，可能存在当天送达通知或者听证结束还未送达通知的情形。法院是在原告动议但被告无一出庭发表意见的情形下将临时禁令转化为初步禁令，因此，初步禁令动议听证通知送达过分迟延，是事后挑战法院发布初步禁令的充分理由，至少能给法院施加相当大的压力。对于此，美国法院目前并无明确判例，但是如果能找到某个被告未收到听证通知或者收到听证通知在听证日期之后的，也许可以创造对中国跨境电子商务企业有利的先例。

其次，中国跨境电子商务企业可以挑战原告的事实主张。在此类诉讼中，大多数的原告律所在大多数的情形中会重复使用相同的诉讼文书模板。文书模板的重复使用导致事实陈述存在两个问题：第一事实陈述空泛，不带任何细节；第二，多份不同案件的书状事实主张完全一样。美国民事诉讼法下，在起诉阶段和禁令申请阶段，原则上法院应当接受原告主张的事实为真，并不要求较高的证明。但是如果原告的主张全然是结论式的和推断式的，则法院可以不接受原告的事实主张。在此类案件中，原告往往会空泛主张“被告的侵权行为损害了原告的商誉”“被告的侵权行为导致消费者对原告产品质量信任的下降”等，但是按照雅诗兰黛案、Klipsch案等判例确定的规则，这样毫无细节事实的主张仅构成结论和推断，法院可以不接受。中国跨境电子商务企业还应该着重强调，原告诉讼文件主张的事实与其他案件中的诉讼文件表达高度雷同，既能说明原告的事实主张空泛，还能说明原告律师在事实调查时未尽到勤勉义务。如果原告不能证明不可挽回的损失，那么法院自然就不应当发布禁令，如果已经发布禁令的，应当按照被告的请求解除禁令。

再次，在具体事实对个别被告自己有利时，主动提供相应证据和声明争取法院解除冻结。在此类诉讼中，原告律师发现潜在的被告往往是采用网络技术抓取数据，原告律师不会仔细审核每个被告的侵权事实，因此每个案件中总有一部分被告是被“误伤”的。对于根本没有侵权而被误伤的被告，可以在提交解除禁令动议时附上相应的销售数据和声明，证明被告根本没有任何侵权行为，因此要求法院解除禁令。即便存在侵权嫌疑的被告，也可能存在有利事实，如虽然侵权，但是完全未销售审理到法院所在州；或者虽然侵权，但是销售产品的金额很低等。这些有利事实，能够说服法院支持被告解除禁令的动议。

最后，中国跨境电子商务企业被告如果是小微型企业，则可以向法院主张禁令给企业的经营以及员工的生活造成了严重的负面影响。这个主张可以通过声明的方式去证实，而主张的效果则在于可以有力驳斥发布禁令给被告造成的损失较小的主张，因此可以支持基于利益平衡的考量，也应该解除禁令。

2. 要求法院降低冻结金额

在此类诉讼中，法院完全解除禁令的概率并不大。此类诉讼中大多数被告是中国企业，且在美国没有财产，一旦解除禁令，中国企业转移财产非常合乎情理，因此，美国法院不太可能直接完全解除禁令。合理的策略是以上述理由给法官施加压力，获得法院确定较低的冻结金额的有利结果。

中国跨境电子商务企业要求法院确定较低冻结金额的理由主要有两点：

判例法明确指出初步禁令冻结资金，仅能基于原告胜诉后获得实际损失之目的，不能基于原告获得法定损失甚至惩罚性赔偿之目的；冻结资金的金额应该与被告的所谓侵权行为相匹配，并且法院应当考虑要求原告提供担保与冻结被告资金的适度公平。

首先，联邦最高法院有判例明确表示，禁令作为一种衡平法的救济手段，只能与原告主张的最终的救济相适应，如果原告仅要求金钱赔偿，则法院不应当发布禁令。[①] 在此类诉讼中，原告的常见策略是在起诉时主张任何可能的赔偿。由于美国商标法和版权法规定了较高的法定赔偿标准，因此被告总会主张法定赔偿。值得注意的是，美国律所并不打算在美国法院判决之后到中国法院申请执行，其目的仅是中国被告被冻结的亚马逊、Paypal 账户的资金。一旦被告申请法院修改禁令降低冻结金额，美国原告肯定会以法定赔偿的最高限额为依据提出反对，但是美国原告的这项主张是不符合美国判例法确定的规则的。

其次，法院禁令冻结的被告资金应该与被告的所谓侵权行为相匹配。如果中国跨境电子商务企业没有侵权、被控侵权品销售额不大、侵权程度很弱，则应以事实为依据，主动要求法院降低冻结金额。在美国法下，商标侵权案的实际损失赔偿确定基准并非销售额而是非法获得的利润。因此，法院更有理由确定一个较低的冻结金额。此外，法院还应当考虑初步禁令发布仅是一种临时的、初步的判断，不影响案件的最终结果。即使法院发布了初步禁令，后续诉讼中原告败诉的案件也比比皆是。因此法院考量冻结被告的资金金额时，应当在原被告之间适度平衡，不应该裁决原告申请禁令，仅需提供 1 万美元担保，而被告则要被冻结 10 万美元的资金以供未来“可能”的判决执行。在此类诉讼中，法院判令申请临时禁令和初步禁令的原告提供担保一般为 1 万美元至 2 万美元，超过 5 万美元的担保非常少见。[②] 如果个别被告销售所谓侵权产品数量很大，从诉讼策略角度，提交解除禁令申请仍然是可选项。

---

① Grupo Mexicano de Desarrollo v. Alliance Bond Fund, 527 U. S. 308, 331 (1999).

② Zuru 案法庭确定的原告提供的担保金额为 1 万美元。

这是因为在此类诉讼中，原告律师根本无心进行实质性的法律抗辩交锋，因此，只要被告提出动议，就是一项争取较为有利的和解的筹码。比如在北区联邦地区法院由帕库法官审理的 KTM a. g. 案和 Dow 法官审理的 Entertainment One UK 案中，原告律师根本无心提交法律备忘录答复被告的动议，而是在申请延期后与被告迅速和解。①

要求法院降低冻结金额，还有一个诉讼策略上的考虑：作为试探法官实体判决赔偿金额的线索，以之为参考向对方发出美国联邦民事诉讼规则第 68 条规定的判决要约。判决要约制度可以迫使原告让步，或者为被告胜诉后向原告追讨诉讼费提供基础。

五、判决要约制度的运用

1. 判决要约制度的规则

判决要约制度是美国民事诉讼法通过转移律师费负担推动当事人和解的一项制度。按照美国联邦民事诉讼规则第 68 条的规定，在案件起诉后庭审开始前 14 天，一方当事人可以草拟判决送达给对方当事人，如果对方当事人接受，则以双方达成的判决为依据裁判案件；如果不接受，则案件继续审理。如果最终判决结果并没有比判决要约对受约人更有利，则受约人需支付要约人自要约送达之日起的合理费用，包括但不限于律师费。这条规则的美国法背景是，除非法律另有规定或者当事人有约定，否则民事诉讼的当事人无论胜负均须自行承担己方律师费。在此规则下，无谓缠诉的一方需要承担对方的律师费，因而改变了一般的美国法律师费承担规则。

在此类诉讼中，判决要约制度对中国跨境电子商务企业应诉非常有帮助。之所以中国跨境电子商务企业在美屡遭诉讼，美国法律师费各自负担规则是一个重要原因。在其流水线收割式的诉讼模式下，其成批起诉中国被告，仅

① 美国伊利诺伊州北区联邦地区法院，案号 20 - cv - 6677，案号 20 - cv - 6426.

需付出一次性成本；各自负担律师费规则使得美国律所滥诉没有任何的经济风险；现实中大量中国企业因为应诉成本放弃应诉抗辩，则美国律师通过不应诉判决制度收割这些中国企业被冻结的资金。因此，合理运用判决要约制度，能够将滥诉的不利后果凸显，可能迫使美国原告承担中国企业的律师费。就单个中国跨境电子商务企业被告而言，这是一个达成较为有利和解的有力筹码；就中国跨境电子商务企业整体而言，可以迫使美国律所在大批量起诉中国企业时更加慎重，减少部分诉讼风险。

2. 被告提出判决要约的考量

判决要约制度下，被告可以发要约给原告愿意支付一定金额结案，但被告可以不承认过错或责任。判决要约制度对本身无过错或者过错较轻的被告非常有利，虽然判决要约中被告可以（甚至应该）向对方提出判决被告支付给原告的金额，但是被告可以不在判决要约中载明被告的过错。因此，作出判决要约并不代表承认过错，因此提出判决要约并不会产生实体法上的不利后果。

在向原告发出判决要约时，除了前述实体法效果考量之外，被告还应该考量两个问题：第一，判决要约与无管辖权抗辩的关系；第二，合理的支付金额的确定。判决要约与合同法下的要约有共同的法律属性：要约人受要约拘束的意思。因此，如果原告接受判决要约，则要约生效法院没有非常特殊的情况肯定会按照要约内容判案。而在被告提出无管辖权抗辩动议，在动议未裁决之前要约被接受，则无管辖权抗辩动议自然失效，被告不得反悔。因此，被告需要合理考量自身赢得无管辖权抗辩动议的可能性。

被告还应该确定合理的支付金额，被告可以根据案情考量，如所谓侵权成立的可能性、假冒产品销售金额、销售时间长短、审案法官个人的倾向性等各种因素，还要考虑被告的支付能力、合理确定判决要约中的支付金额。如果金额太高，则被告吃亏；如果金额太低，最终判决金额大于判决要约中的支付金额，则判决要约起不到转嫁律师费的效果。对此，有两个经验可以参考：第一，可以检索审案法官在类似案件中的裁判情况；第二，可以先提出解除禁令解除资产冻结的动议，大概率美国法院不会允许完全解冻，而是要求被告缴纳一定金额的担保。法院确定的担保金额，是法官心目中可能的最终判决赔偿金额。以该金额为参考，适当增加，可能是比较合理的判决要约支付金额。

六、基于未能陈述有效诉因的驳回动议

1. 基于未能陈述有效诉因的驳回判决规则

美国联邦民事诉讼规则第 12 条 b 款规定了 7 种直接驳回原告起诉的情形。按照美国联邦民事诉讼规则第 12 条 b 款第（6）项之规定，如果原告未能在起诉状中陈述有效诉因，则应法院自己的动议或者被告的动议，法院可以直接驳回起诉。本动议可以在答辩前或者答辩时提出，提出时既可以是在答辩状中提出，也可以在答辩状之外另提交动议文件，至迟可以在庭审结束前提出。按照美国联邦民事诉讼规则第 12 条 b 款的规定，虽然被告有义务在送达之日起 21 天内提交书面答辩状，但是如果被告提出基于未能陈述有效诉因的驳回动议的，则该 21 天期限中止，直到法院对驳回动议作出裁判并对被告指示为止。

所谓诉因，是美国民事诉讼法的核心概念，是指原告据以起诉被告寻求救济的法律理由。诉因概念类似于中国法的民事诉讼案由概念。在中国法下，实体法规定权利义务，程序法确保义务得到履行从而给权利提供保护——即实体权利义务是法律规则体系的逻辑起点，即权利是第一位的，救济是第二位的。在美国法下，任何法律问题的逻辑起点都是救济本身，权利是获得救济的资格——即救济才是第一位的，权利是第二位的。[①] 诉因虽然是民事诉讼

① 如美国法下，合同的概念界定与中国法对合同的概念界定思路完全不一样，美国法下的合同是“可以被［法院］强制执行的允诺”。因此，美国的法律规则的逻辑起点不是实体权利，而是司法救济。

法的概念，但是却兼具程序法和实体法的性质，是实体法见之于程序法的规则。具体体现在美国法下的诉因不仅仅是一个理论概念，还是一套具有高度可操作性的标准体系。如美国联邦或者美国任何一个州，都有一套诉因体系，列举了美国原告可以起诉的所有事由，并且都有源于判例法的待证事实清单。如商标侵权案原告需证明三个要素：第一，有一个有效的受法律保护的商标；第二，原告拥有该商标；第三，被告未经许可将商标用于标记商品或服务的来源可能导致混淆。[①] 诉因的要素大致类似于中国法的民事法律关系的要素（或者构成要件）。

按照民事诉讼规则以及相关判例，在考量有效诉因的驳回动议时，判断未能陈述有效诉因不需要原告举证证明，只需要判断原告是否完整且合理的事实主张。法院审理驳回动议时，不要求原告切实举出证据证明诉因中的要素，只要原告主张了诉因的全部要素并且主张足够明确。所谓主张足够明确，是指对事实的主张足够具体，以至于被告能够理解原告在主张什么，但是不需要具体的细节。具体的操作标准是：假定原告在起诉状中主张的事实全部为真，对照其起诉的诉因，法院是否应当判决其胜诉。如果答案是肯定的，则原告陈述了有效的诉因；如果答案是否定的，则原告未能陈述有效诉因，则法院应当批准被告的动议，直接驳回原告的起诉。

虽然未能陈述有效诉因的驳回动议审查不需要提供证据，但是原、被告双方可以向法院提交初步的证据。基于未能陈述有效诉因的直接驳回判决应当主要关注当事人所提交的书状，在书状以外的部分不应当被列入考虑范围。而美国联邦民事诉讼规则第 56 条规定的径行判决中，法官也可以考虑除书状之外的事项，譬如誓证书、证词、证据开示中提交的材料和其他相关文件等。在司法实践中常有法官在基于未能陈述有效诉因作出直接判决的过程中考虑了书状之外的其他材料，这种情况属于法院实际作出的是径行判决。如果法官决定驳回被告的动议，则无所谓径行判决的问题。

① A&H Sportswear, Inc. v. Victoria's Secret Stores, Inc., 237 F. 3d 198 (3rd Cir. 2000).

在收到动议之后，法院应提出动议的一方之要求进行听证，如果听证表明原告的确未能陈述有效动因，则法院可以驳回起诉。不过现实中更多情况是法院会允许原告修改书状。原则上来说，第一次驳回起诉的判决不具有既判力，只要未过诉讼时效，则原告可以再次起诉，但是第二次驳回起诉的判决原则上有既判力。

2. 未能陈述有效诉因的驳回动议的运用

在此类诉讼中，中国跨境电子商务企业提出原告未能陈述有效诉因的驳回动议，有四个主要论证方向：第一，原告的起诉状中主张事实没有最基本的事实，因此不能构成有效事实陈述。第二，原告主张追究被告们的连带责任，但是未主张被告之间存在联系；或者如果原告主张被告存在联系，被告可以通过声明证实被告与其他被告全无联系。第三，利用原告起诉状附件中的证据材料或者被告自己提供的证据材料证明明显不构成侵权。第四，在部分案件中，指出原告不满足美国法规定的起诉前提条件。

如前一小结所述，在判断原告是否陈述有效诉因时，法院常用的方法是"假定原告在起诉状中主张的事实全部为真"。按照这个方法，要认定原告未能陈述有效诉因其实是很困难的。但是在司法实践中，仍然存在一定比例的案件法院认定未能陈述有效诉因。之所以出现这种情况，部分原因是原告及其律师撰写起诉状未认真对照诉因，还有部分情况是原告及其律师陈述太过宽泛，属于"结论式和推断式"的表达，因而不能构成事实陈述。在此类诉讼中，后者比较常见。如在水气球商标侵权案中，原告对于被告非法使用商标的事实主张就只有一句话：被告使用了"Bunch O Balloons"商标。没有直接使用完全一样的"Bunch O Balloons"商标的被告，可以向法院主张被告这句陈述没有任何效力，被告以及任何站在被告同样立场的理性的人无法理解原告这句话的意思，因此原告的主张属于"结论式和推断式"的表达，相当于没有"未经许可使用商标"的事实主张。既然没有未经许可使用商标的事实主张，则自然原告未能陈述有效诉因。除此之外，还有一个方法可以证明此类诉讼中原告的主张是“结论式和推断式”的：原告及其律师如果多次提起诉讼，每一次其提交的起诉状的大多数段落均属照抄，则可以证明原告的事实主张为“结论式的和推断式的”。

在此类诉讼中，原告往往合并众多被告，要求追究被告们的连带责任。原告追究被告们的连带责任的理由是合谋、共同侵权、共同过失等，但是原告在起诉状中往往宽泛主张“被告们是一个侵权集团”。对于确实未与其他被告有交流的被告而言，可以向法院声明自己与其他被告完全没有任何联系和交流。在反驳“侵权集团”的主张之后，原告所谓的合谋、共同侵权、共同过失等则不成立，因此自然不能主张连带责任，因而对于连带责任的主张原告未能陈述有效诉因。

被告还可以利用原告在起诉状后附带提交的证据资料，或者自己提供证据资料能够证明被告明显不存在侵权，也可以达到证明原告未能陈述有效诉因的效果。在此类诉讼中，原告经常提交被告网店销售页面的截图作为起诉状的附件，部分截图不但不能证明原告主张的侵权，反而说明没有侵权。如水气球商标侵权案中，第67号被告 Million * Billion 的网络销售页面不仅没有直接出现“Bunch O Balloons”标识，而且也没有出现 bunch 字样，仅出现 balloon 字样。在此情况下，因为其销售的产品就是气球，使用 balloon 字样是合情合理的，明显不可能构成商标侵权。该销售页面的截图系原告提交给法院的，所有没有任何理由怀疑其真实性。因此，说明该被告完全未使用原告的商标，因此就该被告而言原告未能陈述有效诉因。

在一部分案件中，美国法对于原告起诉设有前提条件。如果原告在书状中未主张这些前提条件已经满足，则未能陈述有效诉因。根据美国著作权法的规定，因转让获得著作权的，受让人提起民事诉讼前必须办理著作权登记，未经登记的不得提起诉讼。根据伊利诺伊州的法律，外州或者外国公司在本州经营的，必须在伊利诺伊州的州务部登记为外州或外国公司，否则在本州法院仅有被告主体资格，没有原告主体资格。如果存在以上请求，被告可以主张原告未满足这些前提条件或者未主张这些前提条件，因此未能陈述有效诉因。

如果原告的确未能陈述有效诉因，则法院可以驳回起诉。现实中法院可能会允许原告修改书状。即便如此，赢得这样的驳回动议，也会给原告方施加相当大的压力，会极大助力争取有利的和解。因此，中国跨境电子商务企业可以结合具体情况，适时提出原告未能陈述有效诉因的驳回动议。

第二节　应对美国法院管辖的宏观思路

一、以应诉促和解和以上诉造先例的整体战略

应对此类诉讼的整体战略应该包括以应诉促成和解以及以坚持诉讼甚至上诉制造有利先例两个部分。以应诉促和解是说应诉作为攻防工具，逼迫原告降低索赔金额，及时和解；以上诉造先例是说原告坚持不让步以及法官偏袒原告的，干脆将诉讼上诉坚持到底。这两者看似矛盾，实际上是一正一辅的可以灵活运用的战略。

1. 以应诉促和解的原因和效果分析

对某个具体的被告而言，如果通过应诉能够将和解的金额压到可以接受的范围，尽早和解是最为理性的做法。美国民事司法有两大特点：诉讼的成本高并且诉讼的程序异常复杂。美国诉讼的金钱成本非常高，原则上来说一件普通的民事诉讼如果不能在证据开示阶段结案，当事人的律师费至少是5万美元以上，甚至可以到几十万美元。美国实行双方当事人分别自行负担律师费的制度，因此高昂的律师费对当事人来说是难以负担的金钱成本。同时美国诉讼的时间成本也不小，经常一个民事案件可以审理两三年甚至更长的时间。对于中国跨境电子商务企业来说，除非法院批准解除禁令，否则漫长的诉讼时间就能够拖垮企业。美国的民事诉讼程序异常复杂，比如各种程序

性动议以及宽泛的证据开示等[①]。复杂的程序除了导致案件审理时间很长之外，还使诉讼产生较多的不可控因素。

对中国跨境电子商务企业来说，以打促谈而不是将官司打到底才是合乎理性的选择。在水气球商标侵权案中，从实体法判断第 91 号被告东理科技公司的确没有侵权，但是给原告支付一定资金和解，却是最合理的选择。因为如果东理科技公司坚持应诉，不愿意与原告和解，最终的结果可能是获得胜诉但是需要支付的律师费远高于和解费用。对于没有侵权的被告而言以应诉促和解都是最合理的策略，对客观上侵权或者可能侵权的被告而言，则更是合理的应对策略。

在大多数情况下，以应诉促和解的策略都会收到良好效果，不管是对于实体上不侵权的被告，还是客观上存在侵权行为的被告。一方面，这是因为美国诉讼程序复杂，即便实体法上于被告不利，仍有很多可以论证的抗辩理由；另外一方面，更重要的是此类诉讼中原告律师习惯了挣快钱，已经丧失了与被告律师就各种法律问题抗辩的能力。因此，即便实体法的分析对被告不利，仍有可能通过应诉抗辩，迫使原告律师作出极大让步。如帕库法官审理的 KTM A. G. 案中，被告提出动议主张原告合并被告不适当并附上了法律备忘录，原告律师未能及时提交法律备忘录反而三次申请延期，在第三次延期的最后期限结束之前，原告与两动议被告和解。[②]因此，只要诉讼战略得当，总能获得和解的优势。

2. 以上诉造先例的考量

在少数案件中，可能以应诉促和解的目标无法实现，如原告拒绝和解。原则上来说除了案情对原告极端有利，如原告掌握被告侵权且行为恶劣的证据的情形，原告拒绝和解的原因则只可能是审案的美国法官非常偏袒原告，

① 证据开示中的请求提供证据的范围比证据法下相关证据的范围要宽泛得多，证据开示的请求不一定以庭审能用上的相关证据为限。

② 帕库法官对大量合并被告的问题目前观点尚不明确。

敌视中国跨境电子商务企业。在此情况下，如果以应诉促和解求而不得，则不如干脆将诉讼进行到底，在有把握的情况下，通过上诉形成对中国跨境电子商务企业有利的美国法判例。

如果遭遇对中国跨境电子商务企业不友好的审案法官，在实体案情于己有利但是法官裁判于己不利的情况下，干脆坚持诉讼甚至上诉，不失为维护自身利益和所有中国跨境电子商务企业利益的正确做法。就《海牙送达公约》的适用问题，以及此类诉讼中被告合并的问题，美国联邦基层法院存在明显的分歧，通过上诉在巡回上诉法院层面形成先例，对中国跨境电子商务企业今后应诉大有帮助。

当然，坚持诉讼和上诉的前提是结合特定被告的情况，能够在相关法律问题上胜诉。如《海牙送达公约》的适用问题，在被告的情况符合以下情形时可以坚持诉讼和上诉：被告公司治理结构简单，单一公司运营单一网店；被告的邮寄地址准确真实，已经提供给美国亚马逊等平台，且网店的信息中也已经披露；被告仅在中国境内运营网店，在美国境内没有代表处、办公室、银行账户等；被告在诉讼期间未有任何工作人员在美国境内被送达；从实体法判断，被告没有实施侵权行为。如果遭遇到达肯法官这样的认为自己有完全的自由裁量权的基层法官，则提出无效送达的驳回动议后，法官很有可能驳回动议，这时候被告可以向美国联邦巡回上诉法院上诉，获得上诉法院支持的概率较大。上诉一旦成功，则能够在该巡回上诉法院的管辖区域确立对中国跨境电子商务企业极为有利的先例。

二、综合运用全部法律工具的整体战术

本章第一节分别分析了无地域管辖权抗辩、无效送达抗辩、不当合并被告抗辩、解冻禁令动议、判决要约，以及基于未能陈述有效诉因的驳回动议等法律工具在使用时的策略。在美国法院应诉时，被告应注意对以上法律工具的使用有明确的整体战术，如法律工具使用的先后、时机，以及法律工具是分开使用还是一起使用，以及还有哪些诉讼的技巧和经验可以使用等。

1. 优先提出直接驳回动议

在本书所分析的所有法律工具之中，应该最先使用的是无地域管辖权抗辩动议和送达无效抗辩动议。之所以要最先使用这两个法律工具，主要有两个原因：这两个工具都是过期作废的一次性抗辩；在现有美国法规则下使用这两个工具效果很好。

首先，无地域管辖权抗辩和送达无效抗辩不用就过期。按照美国联邦民事诉讼规则第 12 条 b 款规定，被告有 7 个抗辩事由可以动议法院直接驳回，无地域管辖权和送达无效是这七个事由中的第二项和第五项，另外未能陈述有效诉因是第六项。这些事由可以在提起答辩前通过动议的方式提出，也可以放入答辩状中以抗辩的方式提出。按照美国联邦民事诉讼规则的规定，7 个事由中的第二项到第五项，在第一次的答辩或者程序动议时或者之前被告必须提出，否则构成放弃。简言之，第二项到第五项抗辩必须在被告可能提出的第一时间提出，若提出了别的动议或者进行了答辩但未提出这四项抗辩的话，则即便抗辩成立，亦不得再提出。而且按照美国联邦民事诉讼规则第 12 条 b 款的规定，这两项抗辩可以合并在同一个动议中提出。

其次，提出无地域管辖权和送达无效抗辩，能够收到很好的效果。第一，如果提出无地域管辖权抗辩动议和送达无效抗辩动议，则被告的 21 天强制答辩期中止，当事人需等待法院对动议进行审理。如果法院认为动议成立，则法院会直接驳回原告起诉；如果法院认为动议不成立，法院一般会指定 7 天到 14 天的答辩期。在此期间，被告可以进行充分的案情整理和分析。第二，由于美国联邦最高法院在戴姆勒案中收紧了联邦法院的一般地域管辖权，因此，如果严格遵循戴姆勒案的规则，法院对此类诉讼中的相当比例的被告都没有一般地域管辖权。而在此类诉讼中，有一部分情形下法院不得行使特殊管辖权，如被告未往法院所在州销售被控侵权产品的。而且按照特殊管辖权规则，法院的管辖范围只能是被告实施的与法院所在州有关的侵权事实。从字面上理解本规则，如果被告确实销售了侵权产品，而且往美国 50 个州分别销售一件，则伊利诺伊州法院可以基于销售一件的事实获得特殊管辖权，但管辖范围仅限该件侵权产品销售。因此，理论上来讲法院仅能就该件侵权产品的销售判决赔偿。①

因此，基于其不用过期的性质，以及基于目前美国联邦最高法院对地域管辖权的态度，应该首先提出无地域管辖权抗辩动议和送达无效抗辩动议。在本书分析的所有程序法律问题中，美国联邦基层法院对适用地域管辖权规则的分歧最小。即便强硬派的代表达肯法官，也会比较严格地适用管辖权规则，支持被告的无地域管辖权的驳回动议。②因此，中国跨境电子商务企业被告应该首先提出无地域管辖权抗辩动议和送达无效抗辩动议。

2. 合理组合纯程序性抗辩和实体性抗辩

法院无地域管辖权的抗辩是一项纯程序性抗辩，该抗辩可以被放弃，只要被告在第一次提出动议或者提交答辩状时未提出该项抗辩，则以后再不能提出，法院获得地域管辖权。这与中国法下的应诉管辖极为类似。美国法院管辖权分为事项管辖权、地域管辖权、审判地三规则，其中事项管辖权无法放弃，后两者可以放弃。

既然无地域管辖权的抗辩是纯程序性的又是可以放弃的，因此，在提出纯程序性抗辩时，一定要注意在纯程序性抗辩的动议被法院裁决之前，不能提出实体抗辩，否则可能会被法院认定为放弃纯程序性抗辩。这一规则适用于无管辖权抗辩与送达无效抗辩。

在此类诉讼中，合并被告不合法以及解除禁令动议都不是纯程序性抗辩，而是带有实体内容的混合性抗辩。在合并被告不合法的抗辩动议中，被告不

---

① 这是对特殊管辖权规则的字面理解，现实中没有明确的判例表明法院一定会这样判，无法排除法院基于一件产品获得特殊管辖权，但是判决针对销往 50 个州的侵权产品。

② See Hangzhou Chic Intelligent Technology Co. v. Partnerships and. . . ，美国伊利诺伊州北区联邦地区法院案号 1：20 – cv – 04806，案卷第 561 号（06. 21. 2022）法院就两被告驳回原告起诉，理由是法院无管辖权。

可避免地会引用被告是否与其他被告关联或者交流的实体法事实，也会分析连带责任是否适用等，因此明显带有实体法内容。解除禁令动议中，判断禁令是否有合法合理的重要规则是原告的合理的胜诉可能。要分析原告的合理胜诉可能，自然要援引证据、分析原告待证明的诉因要素、讨论原告是否销售产品是否引起混淆等，均系有明显实体法意味的内容。

原则上，应当等待法院审理无地域管辖权抗辩和送达无效抗辩的驳回动议。如果法院支持动议，则被告胜诉；如果法院不支持被告动议，则可以考虑提交合并被告不合法以及解除禁令动议。

但是原则也存在例外。在此类诉讼中，法院裁决无地域管辖权抗辩和送达无效抗辩的驳回动议一般耗时两个月左右，而且中国企业聘请美国律师以及律师提交动议本身也可能需要接近一个月时间。如果法院不解除初步禁令对其网店以及账户的冻结，很多中国中小企业根本没有财力等待法院作出裁决。如果中小企业被告迫不得已需要提起解除禁令的动议，则可以采用两个技巧：第一，在提交解除禁令动议时明确向法院表述已经先提交了无地域管辖权抗辩的驳回动议，且动议尚未审结；第二，在被告自身情况对解除禁令申请非常有利的情况下，解除禁令动议不提交法院卷宗系统，而是先发给原告律师。不提交给法院的动议文件不产生使程序抗辩动议失效的后果，但可能迫使原告让步。在水气球商标侵权案中，第 91 号被告东理科技公司就是通过发送解除禁令动议的文件给原告律师迫使原告明显降低和解金额。其实在第一种情况下，如果被告动议的目的是为了解除禁令，分析原告的胜诉可能是论证手段，这能否构成提出实体抗辩于美国法而言并不明确，因而即使提醒法院，仍然是存在一定风险的。

3. 解除禁令动议与判决要约制度运用相结合

在此类诉讼中，对中国跨境电子商务企业应诉来说，非常不利的一点是美国民事诉讼的律师费高昂，而美国实行律师费各自负担的制度。因此，即便美国原告及其律师滥诉，且即便中国被告能够赢得诉讼，也要自行承担律师费。这构成了中国跨境电子商务企业应诉的现实障碍。

判决要约制度能够转嫁律师费成本，因此，可以是克服高额诉讼成本的有效手段。按照美国联邦民事诉讼规则第68条的规定，在被告送达判决要约之后，如果原告不接受，则案件继续审理；如果对受约人而言，最终判决结果并没有比判决要约更有利，则受约人需支付要约人合理费用，包括但不限于律师费。合理运用判决要约制度，能够将滥诉的不利后果凸显，可能迫使美国原告承担中国企业律师费。从个案角度而言，这是一个达成较为有利和解的有力筹码；从宏观角度而言，可以迫使美国律所在大规模起诉中国企业时更加慎重，减少一部分诉讼。

特别注意按照判决要约制度，原告支付给被告的律师费及其他费用并非整个诉讼中被告的费用，而是从判决要约送达之日开始。因此，如果判决要约送达之日越早，就对被告越有利。但是从应诉的整体思路而言，判决要约的送达要与解除禁令动议的战术结合起来才能收到最好的效果。

判决要约制度虽然可以转嫁被告的律师费给原告，但是制度的实施有一项前提：最终判决结果相对于判决要约并没有对原告更有利。换句话说，如果原告拒不接受要约，坚持诉讼，最终赢得了更为有利的判决结果，则不用承担被告的律师费。因此，合理的确定判决要约中被告给原告支付的金额非常重要。如果金额太高，则被告吃亏；如果金额太低，最终判决金额大于判决要约中的支付金额，则判决要约起不到转嫁律师费的效果。

对此，应当采用组合拳的方式，将解除禁令动议与判决要约制度联系起来使用。被告可以先提出解除禁令解除资产冻结的动议，美国法院原则上不会允许无条件解冻，而是要求被告缴纳一定金额的担保金。法院确定的担保金额是法官内心判决赔偿金额的反映。以该金额为参考适当增加，是合理确定判决要约支付金额的思路。为了争取被告利益的最大化，在提出法院确定担保金额之后，被告给原告送达判决要约之前，可以向原告提出略低于担保金额的和解建议（非判决要约），一定程度上法院确定担保金额的事实也会给原告极大的心理压力，有较大的可能性接受略低于担保金额的和解建议。但是和解如果未能成功，为了确保判决要约制度产生效果，判决要约的金额还是应该适当高于法院确定的担保金额。

4. 利用审案法官审理的其他案件和原告提起的其他案件中的有利因素

除了以上各种法律工具之外，中国跨境电子商务企业在应诉时，还可以重复利用审案法官审理的其他案件和原告提起的其他案件中的有利因素。比如，在被告申请解除禁令时，同一个法官在此类诉讼中确定被告应缴纳的担保金额时思路总是大致接近的。因此，审案法官在其他案件中的有利裁决，可以拿来作为攻防武器，也可以作为谈判的筹码。

近五年每年北区联邦地区法院都受理超过一千件此类诉讼，北区联邦地区法院总共 32 名法官，因此每位法官五年加起来都审理了超过 100 件此类诉讼。在美国基层法院，法院裁决动议并不总是撰写法律备忘录，有很多裁决就是一个简单的裁决主文。这样的裁决不会录入 WestLaw 或者 LexisNexis 法律数据库，但是这样的裁决虽然没有详细的法律论证，却仍然可以对预判该法官在本案中如何行为有极大帮助。因此，被告律师可以使用联邦法院办公系统，去寻找和下载审案法官在之前案件中的裁判，可能找到对被告非常有利的因素。[①]

在此类诉讼中，原告律师已经将提起诉讼作为一门快速赚钱的产业，因此原告律师会重复使用诉讼文书模板。有的原告律师提起诉讼时，就是完全照抄其律所先前案件的起诉状、临时禁令动议、事实声明等。这种操作模式下，原告律师常常犯错，比如重复起诉同一个被告，又比如案件事实张冠李戴等。因此，中国跨境电子商务企业在应诉时，代理律师除了要了解审查本案案情和证据，进行法律检索之外，还可以在法院办公系统查找同一原告或者同一原告律师事务所提起的其他案件，从中寻找于己有利的因素。比如水气球商标侵权案中，通过在法院办公系统查找原告 Zuru 公司最近三年提起的

① 由于法院办公系统并非法律数据库，因此不能进行关键词检索，而是要逐个案卷仔细查找，因此非常费时费力，但是往往能够收到奇效。

诉讼，被告律师发现有利事实：在本案之前，Zuru公司分别于2019年和2020年提起了三起诉讼，起诉了超过500家跨境电子商务企业被告。同时，基于水气球商标侵权案原告起诉状附件中的证据材料，Zuru公司于2018年5月就已经知道所谓侵权事实。这就能够证明原告Zuru公司申请临时禁令和初步禁令的紧迫性根本不存在，其能够在当时就主张权利，但是长达35个月未对第91号被告东理科技公司主张权利。

小　结

中国跨境电子商务企业在美国法院应诉可以使用很多法律工具和应诉策略。根本策略是以应诉促和解，辅之以上诉造先例。直接放弃应诉肯定是一种错误的决策，成就了美国律所的滥诉策略；在能够以较低金钱代价和解，却坚持要将官司打到底，也并非明智的决策。以应诉促和解的策略有充分的可行性——习惯了挣快钱的美国律师已经丧失了就具体法律问题展开对抗的能力，因此只要应诉策略得当，总能明显地降低损失，达成对中国企业有利的和解。

提出无管辖权抗辩、送达无效抗辩、合并被告不合法抗辩，提出解除禁令动议，辅之以判决要约和基于未能陈述有效诉因的驳回动议，是中国企业被告可以使用的法律工具。每一个法律工具都有其应用条件和使用技巧，因此要特别注意结合具体案情使用。要从宏观上去整体把握在美国法院应诉的战略和战术安排，避免多种法律工具的使用产生负面的效应。首先应当提出法院无管辖权抗辩和送达无效抗辩，合并被告不合法抗辩与解除禁令动议最好是在纯程序性动议裁决之后才提出，要先提出解除禁令动议测试法官内心的底线；再向原告送达判决要约，迫使原告让步，要充分查找审案法官以及原告在其他类似案件中的行动和决策，利用一切有利因素维护中国跨境电子商务企业被告的合法权益。

图书在版编目（CIP）数据

美国法院管辖中国跨境电商企业的法理、规则和应对 / 覃斌武著. -- 湘潭 : 湘潭大学出版社, 2022.8
ISBN 978-7-5687-0854-8

Ⅰ. ①美… Ⅱ. ①覃… Ⅲ. ①电子商务—法规—管辖权—研究—美国 Ⅳ. ① D971.222.94

中国版本图书馆 CIP 数据核字 (2022) 第 159411 号

美国法院管辖中国跨境电商企业的法理、规则和应对

MEIGUO FAYUAN GUANXIA ZHONGGUO KUAJING DIANSHANG QIYE DE FALI、GUIZE HE YINGDUI

覃斌武 著

责任编辑：刘文情
封面设计：张　波
出版发行：湘潭大学出版社
社　　址：湖南省湘潭大学工程训练大楼
电　　话：0731-58298960 0731-58298966（传真）
邮　　编：411105
网　　址：http://press.xtu.edu.cn/
印　　刷：长沙创峰印务有限公司
经　　销：湖南省新华书店
开　　本：710 mm×1000 mm 1/16
印　　张：11
字　　数：182 千字
版　　次：2022 年 8 月第 1 版
印　　次：2022 年 8 月第 1 次印刷
书　　号：ISBN 978-7-5687-0854-8
定　　价：50.00 元